D1573902

Märchen für mutige Jungs

www.boje-verlag.de

© 2010 Boje Verlag GmbH, Köln
Alle Rechte vorbehalten.
Einbandgestaltung: buero-ziegler.de, Köln
Einbandillustration: Selda Marlin Soganci
Satz: Hohl & Wolf, Hainburg
Printed in E.U.

ISBN 978-3-414-82219-2

1. Auflage 2010

Die Boje Verlag GmbH ist ein Unternehmen der
VEMAG Verlags- und Medien AG, Köln

Heinz Janisch (Hrsg.)

Märchen für mutige Jungs

Mit Illustrationen von Selda Marlin Soganci

Boje

Inhalt:

Inhaltsverzeichnis
Vorwort

1. In einem Land, nicht weit von hier ...

Märchen, Afrika:	Das Feuer in der Nacht	10
Märchen, Nordamerika:	Der Purpurschwan und der Zauberpfeil	13
Heinz Janisch:	Der Prinz mit der Trompete	17
Märchen, Orient:	Der Mond im Brunnen	24

2. Wer möchte kein Zauberwesen in seinem Haus haben?

Märchen, Schweden:	Der Zaubertopf	28
Märchen, Luxemburg:	Die goldene Wiege	32
Heinz Janisch:	Herr Zibrillo lernt fliegen	34

3. Ein Schiff war prächtiger als das andere ...

Märchen, Niederlande:	Der kluge Kapitän	40
Märchen, Litauen:	Die alte Axt	43
Märchen, Tschechien:	Die drei Zauberfische	46
Heinz Janisch:	Der rote Pirat	49

4. ... nun weiß ich, was Gruseln ist!

Brüder Grimm:	Von einem, der auszog, das Fürchten zu lernen	56
Ludwig Bechstein:	Der beherzte Flötenspieler	69
Heinz Janisch:	Der blaue Hai	75

5. Der Kerl kann mehr als Äpfel braten!

Brüder Grimm:	Der Riese und der Schneider	82
Heinz Janisch:	Die schwarze Wolke	85
Peter Christen Asbjørnsen/ Jørgen Moe:	Die große weiße Katze	89

6. ... und das war all sein Reichtum!

Josef Haltrich:	Das Hirsekorn	97
Ludwig Bechstein:	Die drei Hunde	100
Josef Haltrich:	Der Erbsenfinder	106

7. Hundert Küsse von der Prinzessin!

Hans Christian Andersen:	Der Schweinehirt	114
Märchen, Rumänien:	Der goldene Baum	121
Hans Christian Andersen:	Tölpel-Hans	124

8. Da war es ihm so leicht um das Herz ...

Brüder Grimm:	Sechse kommen durch die ganze Welt	132
Märchen, Karibik	Die zwei Drachen ...	140
Justinus Kerner:	Goldener	144
Märchen, Japan:	Die Strohhüte im Schnee	149

Biografien	152
Bibliografie	155

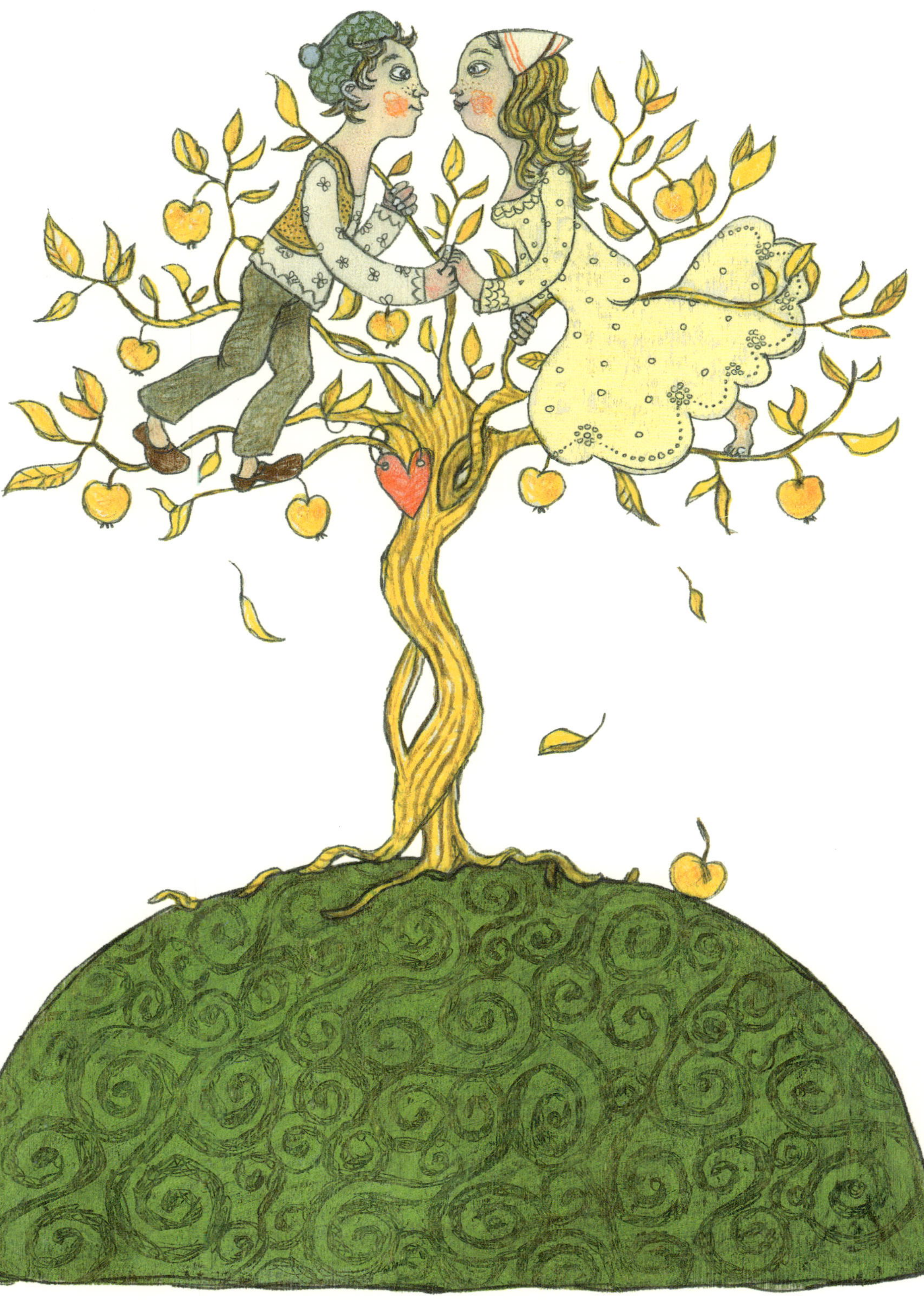

Vorwort

Der Mut hat viele Gesichter!

Sind die Burschen in den Märchen aus aller Welt allesamt starke Prinzen, unerschrockene Kämpfer, unverwundbare Helden und tollkühne Abenteurer? Im Gegenteil! Da ziehen oft einfache Handwerker, junge Bauernbuben, arme Schaf- und Schweinehirten, Knechte und Holzfäller in die Welt hinaus, um ihr Glück zu machen. Sie sind die Helden, die allen Gefahren trotzen und die viel Mut zeigen. Denn der Mut hat viele Gesichter.

Es ist mutig, ehrlich zu sein, seine Fehler einzugestehen, sich nicht größer zu machen, als man ist. Das zeugt von wahrer Größe ...

Es ist mutig, sich nicht vom eigenen Weg abbringen zu lassen, auch wenn ringsum noch so viel Gold schimmert. Unbeirrt seinen Weg zu gehen, das hat noch keinen in die Irre geführt, da findet man das kleine oder große Glück – meist dort, wo man es schon nicht mehr erwartet hat.

Es ist mutig, die Hoffnung nicht zu verlieren, auch wenn man nur eine kleine Erbse, einen Topf oder einen Esel geerbt hat. Mit diesem kleinen Schatz lässt sich noch größerer Reichtum gewinnen, mitunter sogar ein ganzes Königreich ...

Ob jung oder alt: Die mutigen Männer, die in vielen Märchen der Welt ins Leben und in die weite Welt hinausgeschickt werden – sie alle vertrauen auf ihre eigene innere Stärke. Neugierig stellen sie sich den Hindernissen in den Weg. Und dieser Weg hält für alle Abenteurer, die auf ihr Herz hören, viel Wunderbares bereit. Der Mut hat viele Gesichter ...

Es ist auch mutig, Märchen zu lesen. Weil Märchen davon erzählen, dass immer und überall alles möglich ist. Vom Stallburschen zum Prinzen, vom Knecht zum König! Eine Krone für alle!

Das Abenteuer kann beginnen!

Heinz Janisch

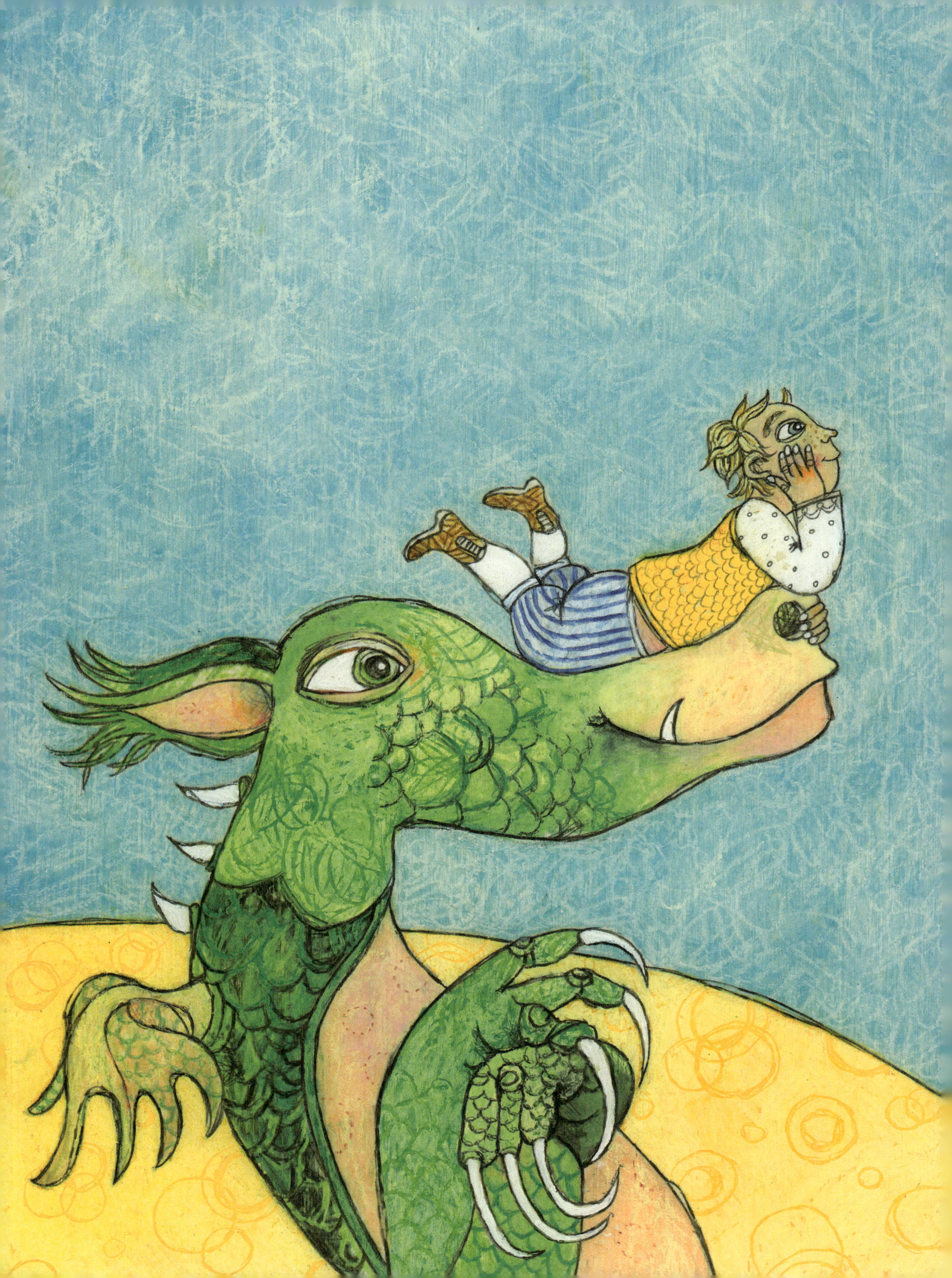

»In einem Land,
    nicht weit von hier ...«

Das Feuer in der Nacht

Ein Märchen aus Afrika, neu erzählt

In einem Land, nicht weit von hier, lebte einmal ein Mann als Sklave. Er musste hart für seinen Herrn arbeiten. Eines Tages konnte er es nicht länger ertragen. Er ging zu seinem Herrn und sagte: »So lange schon bin ich dein Sklave. Oft hast du mir die Freiheit versprochen. Was kann ich tun, um endlich frei zu sein?«

Sein Herr lachte ihn aus. »Frei willst du sein? Ich sage dir, was du tun kannst. Hast du genug Mut, um für deine Freiheit zu kämpfen? Mit deinem Leben? Siehst du den Berg dort? Ich möchte, dass du heute Nacht auf diesen Berg hinaufsteigst. Schnee und Eis werden dich erwarten, und die Luft wird so kalt sein, dass dein Atem gefriert. Wenn du die ganze Nacht dort oben auf diesem Berggipfel ausharrst, ohne Kleidung, ohne Schutz, nackt wie die Felsen um dich herum, wenn du diese Nacht überlebst, dann bist du ein freier Mann!«

Der Sklave ging zu seinem besten Freund.

»Was soll ich tun?«, fragte er ihn verzweifelt. »Wie soll ich diese Nacht überleben? Ich werde auf diesem Berg sein, nackt, in Eis und in Schnee, und ich werde vor Kälte sterben.«

Sein Freund dachte lange nach.

»Ich werde dir helfen«, sagte er. »Während du diesen einen Berg hinaufkletterst, werde ich auf den gegenüberliegenden Berg steigen. Dort werde ich ein gewaltiges Feuer anzünden, das weithin leuchtet. Du wirst dieses Feuer in der Dunkelheit sehen und du wirst wissen: Dieses Feuer ist für dich. Es wird für dich brennen, die ganze Nacht, und es wird dich wärmen.«

In der Abenddämmerung stieg der Mann, der ein Sklave war, auf den schneebedeckten Berg am Rande des Dorfes. Sein Freund – über und über mit Holz beladen – kletterte den anderen Berg hoch.

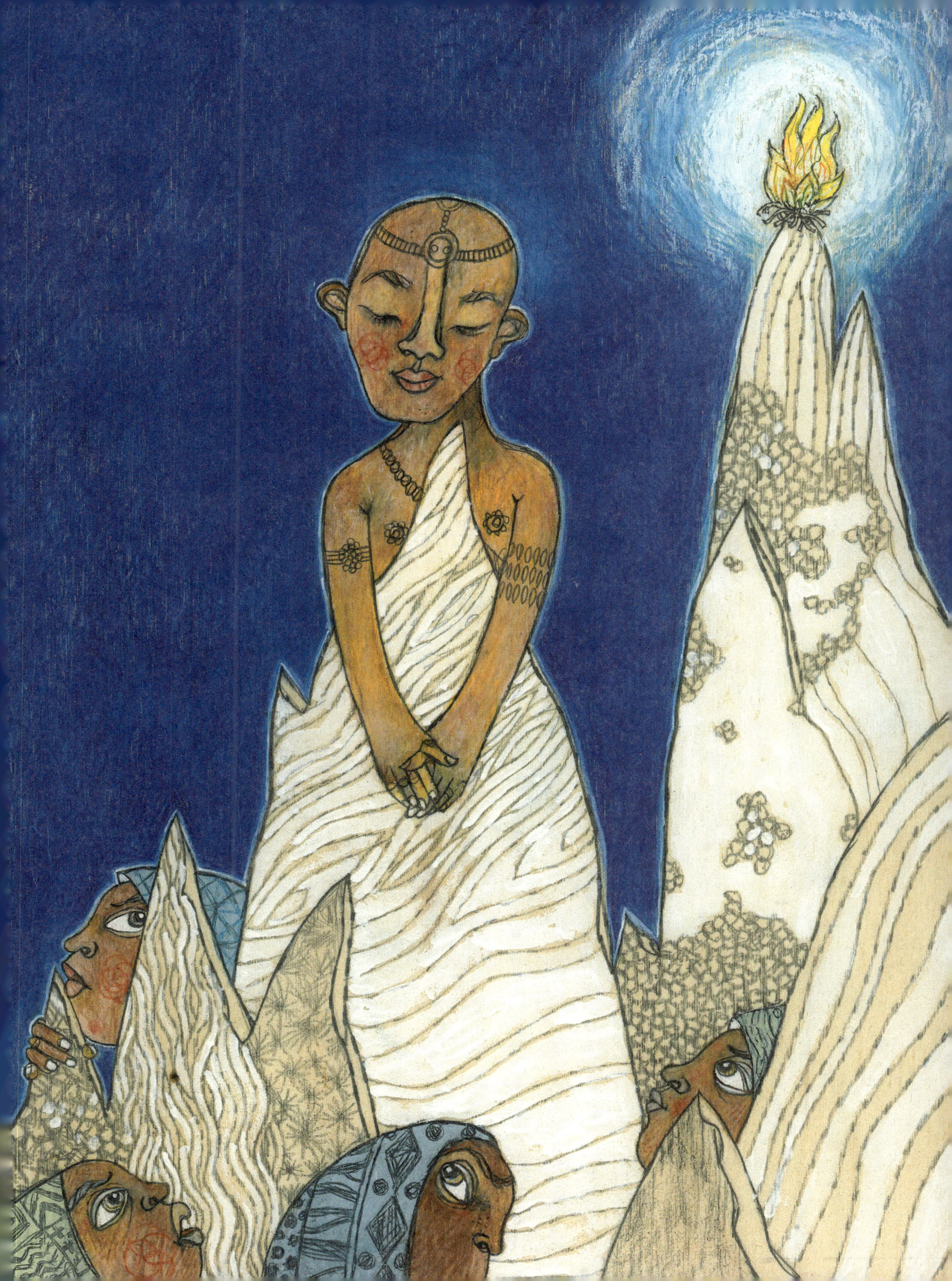

Der Mann, der ein Sklave war, stand barfuß im Schnee auf dem Berggipfel. Er hatte seine Kleidung abgelegt. Er zitterte vor Kälte. Die Luft war so kalt, dass er kaum zu atmen wagte. Die Felsen ringsum waren mit Eis überzogen, sie schimmerten im Mondlicht. Die beiden Wächter, die der Herr mitgeschickt hatte, um den seltsamen Mann auf dem Berg im Auge zu behalten, standen abseits, in dicke, schwere Mäntel gehüllt, und staunten. Sie staunten über den Mann, der da nackt auf dem Gipfel des Berges stand, aufrecht, den Kopf erhoben, so als könnte ihm die Kälte nichts anhaben.

Auf dem Berg gegenüber sah man ein Feuer aufleuchten, mit hohen, lodernden Flammen. Man konnte es weithin sehen, ein helles Licht in der Dunkelheit. Neben dem Feuer saß ein Mann. Er legte Holz nach, er hütete das Feuer, er achtete darauf, dass es nicht erlosch. Sogar der Wind schien zu spüren, dass das Feuer nicht ausgehen durfte in dieser Nacht, denn immer wieder fuhr er in die Flammen und ließ sie aufs Neue aufflackern.

Der Mann, der hoch oben auf dem anderen Berggipfel stand, schaute auf dieses Feuer, das sein Freund für ihn entzündet hatte. Er war nackt und Schnee und Eis waren um ihn – aber er fror nicht. Das Feuer in der Dunkelheit, das Feuer, das für ihn brannte, wärmte ihn, und so überlebte er diese Nacht.

Als es am nächsten Morgen hell wurde, stieg er mit den beiden Wächtern den Berg hinab. Ob es seinem Herrn gefiel oder nicht: Er hatte die lange, kalte Nacht überlebt, und so war er ein freier Mann.

Der Mann, der einmal ein Sklave war, besuchte seinen Freund. Lange saßen sie gemeinsam still vorm Haus, in der wärmenden Sonne, und der Wind strich ihnen über die Wangen ...

Der Purpurschwan und der Zauberpfeil

Ein Märchen der Indianer Nordamerikas, neu erzählt

Der alte, weise Häuptling hatte lange und gut für das Wohl seines Volkes gesorgt. Nun war er alt und müde geworden.

Eines Abends, bei Sonnenuntergang, rief er seine drei Söhne zu sich.

»Ich bin bereit für die Reise ins Reich der Schatten. Es bleibt mir nur noch eines zu tun. Nehmt diesen Köcher mit den drei Pfeilen. Es sind Zauberpfeile, die von Krieger zu Krieger weitergegeben wurden. Ich habe sie von meinem Vater bekommen, nun gehören sie euch. Und jetzt geht, ich möchte allein sein.« Er hob langsam die Hand und die drei Söhne verließen den Wigwam.

Noch in dieser Nacht starb der Häuptling, und der ganze Stamm trauerte mit den drei Söhnen.

Viele Wochen später begab sich Odschibwa, der jüngste der drei Brüder, auf die Jagd. Er entdeckte die frische Spur eines Bären und folgte ihr. Odschibwa war ein guter Läufer und bald hatte er das mächtige Tier eingeholt. Mit einem einzigen Pfeilschuss streckte er den Bären nieder. Während er ihm das Fell abzog, sah er plötzlich einen purpurroten Schimmer im Wald, und von überall her waren seltsame Töne zu hören, es klang so, als spiele der Wind auf einer Zauberharfe ...

Odschibwa folgte dem purpurroten Schein. Er lief und lief, bis er an das Ufer eines großen Sees kam. In der Mitte des Sees sah er einen purpurfarbenen Schwan. Und der Schwan sang ein Lied, so schön und geheimnisvoll, dass Odschibwa lange wie verzaubert lauschte. Dann hob er den Bogen mit den Zauberpfeilen. Der seltene Schwan sollte ihm gehören!

Der erste Pfeil sauste knapp am Schwan vorbei, der zweite riss eine Feder mit sich, der dritte bohrte sich in das Gefieder des Schwans, der trotzdem hoch in die Luft stieg und mitsamt dem Pfeil verschwand.

»Ich muss die Pfeile meines Vaters retten«, sagte Odschibwa zu sich. Er fischte die zwei Zauberpfeile aus dem Wasser. Auf dem einen fand er eine purpurrote Feder aus dem Flügel des Schwans. Er steckte sie ein, dann lief und lief er, immer in die Richtung, in die der purpurfarbene Schwan geflogen war.

Die Tage vergingen, auch die Nächte, und Odschibwa lief weiter über Stock und Stein. Da sah er zwischen den Bäumen ein Licht blinken, das aus einem einsam gelegenen Wigwam kam. Er trat ein. In dem Zelt saß ein alter Indianer, der ihn überaus freundlich empfing.

»Ich weiß, wer du bist und wohin du gehst: Du suchst den Purpurschwan. Er wohnt einen Schlaf weit von hier bei seinem Vater, einem großen Zauberer. Er hat einst im Kampf sein Zauberamulett verloren und wurde schwer verwundet. Sein Antlitz erschreckt alle, die ihn sehen. Der

Purpurschwan will seinem Vater helfen. Aber alle, die er mit seinem Zaubergesang hierher gelockt hat, haben ihr Leben lassen müssen.«

»Ich fürchte mich nicht«, sagte Odschibwa. »Ich werde dem Zauberer helfen!«

»Denk an die Schwanenfeder, die du bei dir trägst!«, raunte ihm der alte Indianer zu.

Am Abend stand Odschibwa vor dem Wigwam des Zauberers. Er trat ein und sah einen Mann, der am Feuer saß und laut jammerte. Sein Kopf sah furchtbar aus, überall waren tiefe Narben zu sehen.

»Ich bin gekommen, um dir dein Zauberamulett zurückzubringen«, sagte Odschibwa. »Wo kann ich es finden?«

»Drei Tage von hier, in einem Dorf, beim Zelt eines mächtigen Häuptlings. Du wirst es leicht erkennen. Wenn du mir hilfst, bekommst du deinen Zauberpfeil wieder und eine Belohnung, die dich sehr glücklich machen wird.«

»So sei es«, sagte Odschibwa und lief los.

Nach drei Tagen sah er ein großes Dorf, in dessen Mitte ein Lagerfeuer brannte. Aber wie sollte er unbemerkt ins Dorf gelangen? Da fiel ihm die purpurfarbene Schwanenfeder in seiner Tasche ein. Er strich sanft mit den Fingern darüber und plötzlich verwandelte er sich in einen Eisvogel. So schwebte er lautlos aufs Dorf zu.

Auf einem Pfahl vor einer Hütte sah er ein purpurfarbenes Amulett in der Gestalt eines Schwans hängen. Er holte es sich im Flug, und keiner der Pfeile, die ihm nachgeschossen wurden, vermochte ihn zu treffen.

Mit dem Amulett im Schnabel kehrte er zum Zauberer zurück. Er nahm wieder seine Gestalt an und betrat den Wigwam des Zauberers.

Kaum hatte der Zauberer das Amulett berührt, waren seine Narben verschwunden – ein großer, stattlicher Mann stand vor Odschibwa.

»Du bist mutig«, sagte der Zauberer. »Durch dich habe ich mein Gesicht wiederbekommen, und das werde ich dir nie vergessen. Hier ist dein Zauberpfeil. Und jetzt geh in den Wigwam, den du dort siehst. Etwas sehr Kostbares wartet auf dich.«

Odschibwa trat in den Wigwam.

Das schönste Mädchen, das er je gesehen hatte, stand vor ihm.

»Ich bin der Purpurschwan«, sagte sie. »Du hast meinen Vater von seinen Qualen befreit, damit hast du auch mein Herz gewonnen.«

So hatte Odschibwa den Purpurschwan doch noch gefunden – und das Glück der Liebe dazu. Der Zauberpfeil seines Vaters hatte genau getroffen ...

Heinz Janisch

Der Prinz mit der Trompete

Es war einmal ein Prinz, der konnte mit seiner Trompete besser umgehen als mit seinem Schwert.

Wenn die anderen Kinder im Hof Schwertkämpfe übten, stand der Prinz oben in seinem Turmzimmer und spielte so schön Trompete, dass alle Leute im Land bei der Arbeit innehielten, zuhörten und sagten: »Da fliegt schon wieder Musik durch die Luft!«

»Es wird Zeit«, sagten die Eltern des Prinzen eines Tages. »Die alte Burg ist zu klein geworden für uns drei. Schau dir die Welt an, und wer weiß – vielleicht findest du eine Prinzessin nach deinem Geschmack!«

Der Prinz ging in sein Zimmer und packte seine Sachen zusammen. Seine Eltern hatten recht: Es war an der Zeit ...

Er bestieg sein Pferd und verließ die Burg. Draußen vor dem Burgtor spielte er noch eine Abschiedsfanfare, dann machte er sich auf den Weg, um sein Glück zu finden.

Sieben Wochen lang ritt der Prinz durch verschiedene Länder. Er sah das Meer und hohe Berge, er musste über eine schmale Brücke und durch dunkle Wälder. Er sah kleine Dörfer mit wenigen Häusern und große Städte mit Schlössern und Türmen. Da und dort spielte er auf seiner Trompete und ließ es sich gut gehen.

Eines Tages kam er in ein Land, in dem alle von der schönen Prinzessin sprachen.

»Ihre Haare sind wie ein goldener Wasserfall«, sagte der eine.

»Wenn sie spazieren geht, neigen die Blumen ihre Köpfe«, sagte ein anderer.

Der Prinz wurde neugierig. Er ritt zum Schloss, wo soeben eine Versammlung abgehalten wurde.

Auf dem Balkon stand der König.

Mit lauter Stimme rief er: »Meine Tochter ist die schönste Prinzessin weit und breit. Ihr alle wisst das. Aber kann es sein, dass das schöne Gesicht meiner Tochter durch Tränen verunstaltet wird? Seit Tagen hat sie ihr Zimmer nicht mehr verlassen, aus Angst vor dem Feuer speienden Drachen, der drüben beim See sein Unwesen treibt! Wer im ehrlichen Kampf diesen Drachen besiegt, der soll meine Tochter zur Frau bekommen – und das halbe Königreich dazu!«

Bevor noch einer ein Wort sagen konnte, ertönte ein lauter, lang gezogener Ton.

Der Prinz hatte seine Trompete an den Mund gehalten und sich so Gehör verschafft.

»Ich werde es tun!«, rief er laut. »Ich werde zum Drachen reiten und mit ihm kämpfen!«

Dann blies er noch einmal kräftig in seine Trompete. Der König winkte dem Ritter huldvoll zu. Der steckte die Trompete weg, zog sein Schwert und ritt unter dem Jubel der Menschen zum See, bereit für den Kampf mit dem Drachen.

Zunächst dachte er, vor einem grünen, mit Moos bewachsenen Gebirge zu stehen, dann erst erkannte er, dass es sich um den Drachen handelte. Er lag auf seinem Bauch auf der Wiese neben dem See und schlief.

Ich kann nicht gegen einen Drachen kämpfen, der schläft, dachte der Prinz. Ich muss ihn aufwecken. Es soll ein ehrlicher Kampf werden.

Der Prinz versuchte alles. Er rief leise, dann laut, schließlich brüllte und schrie er aus Leibeskräften.

Doch der Drache rührte sich nicht.

Der Prinz warf zuerst mit kleinen, dann mit großen Steinen nach ihm. Dann klopfte er mit einem langen Stock gegen die glänzenden Schuppen.

Nichts.

Der Prinz dachte nach. Er holte die Trompete aus seiner Tasche und ging nah an den Drachen heran.

Dann blies er so laut in seine Trompete, wie er nur konnte. Er blies und blies, bis er ganz rot im Gesicht war. Alle Vögel in der Gegend flogen erschrocken davon, die Hasen flüchteten übers Feld, ein Hirsch sauste an ihm vorbei.

Endlich – endlich hob sich das linke Augenlid des Drachen. Langsam öffnete sich auch das rechte Auge. Das grüne Gebirge kam in Bewegung. Der Drache erhob sich, ganz langsam, sein gewaltiger Schatten fiel über den Prinzen wie ein dunkler Mantel.

Der Prinz hielt den Atem an und machte erschrocken ein paar Schritte zurück.

Der Drache gähnte herzhaft, dann schaute er verwundert den Prinzen mit seiner Trompete an – und zog zwei riesige zusammengerollte Tücher aus seinen Ohren.

»Das ist gegen den Wind«, sagte er. »Ich bin furchtbar empfindlich an den Ohren. Daher hab ich dich nicht gleich gehört.«

Der Prinz steckte die Trompete weg und nahm sein Schwert fest in die Hand.

»Habe ich geschnarcht?«, fragte der Drache verlegen. »Oder war ich im Weg?« Er versuchte, seinen riesigen Bauch einzuziehen. »Warum hast du mich geweckt?«

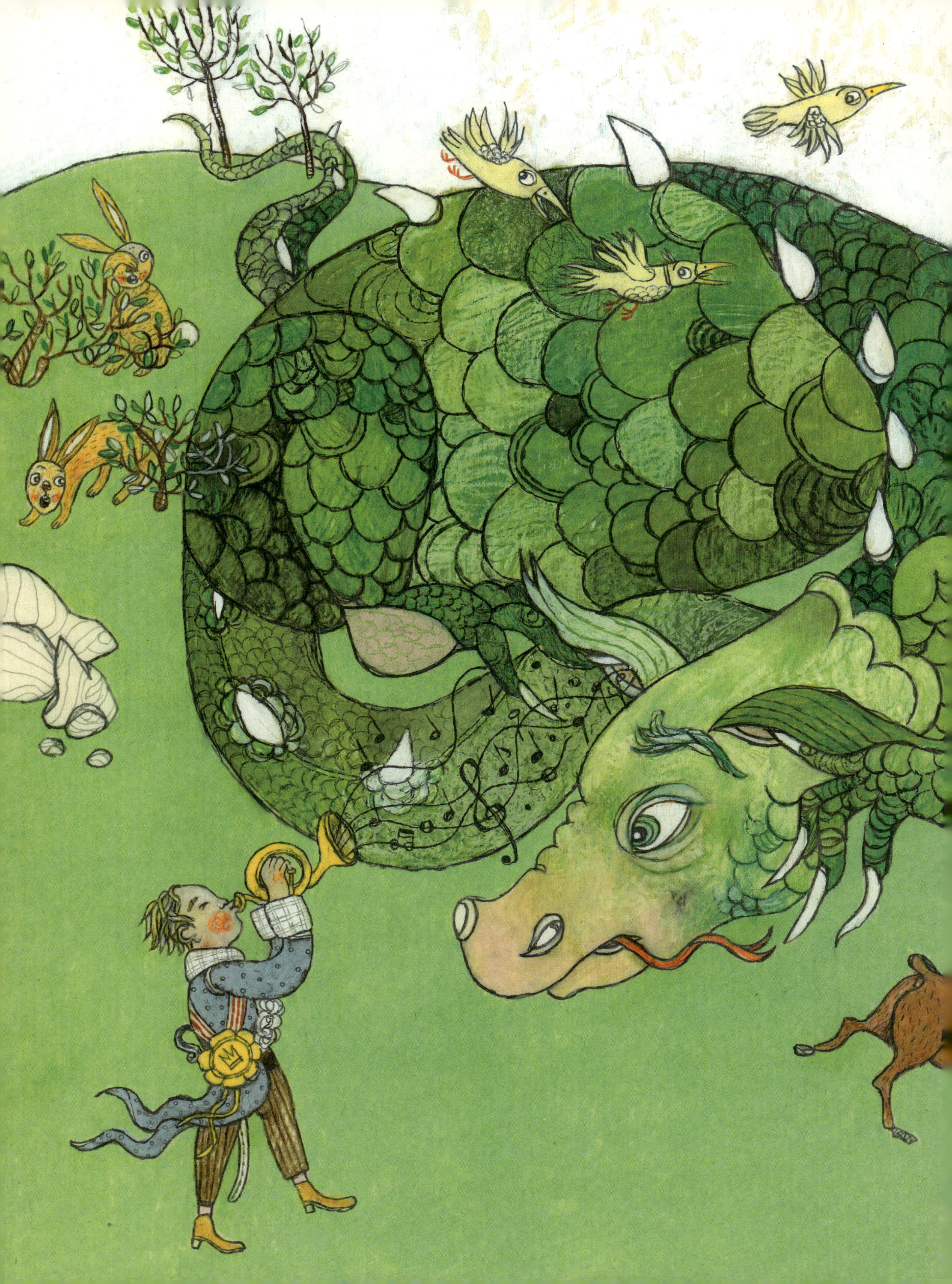

»Ich will ... ich muss ... ich werde ... gegen dich kämpfen«, sagte der Prinz mit heiserer Stimme und hob zitternd sein Schwert – so weit er nur konnte – in die Höhe.

»Und weshalb willst du gegen mich kämpfen?«, fragte der Drache freundlich. »Was hast du davon?«

»Ich bekomme die schönste Prinzessin weit und breit«, rief der Prinz voller Stolz.

»Oje«, sagte der Drache. »Meinst du die Prinzessin, die hier jeden Tag im See badet und mit Steinen nach den Enten und Schwänen wirft? Die zu allen unfreundlich ist? Die sich den ganzen Tag selbst im Spiegel bewundert und so laut und falsch singt, dass mir die Ohren wehtun? Meinst du diese schreckliche Prinzessin?«

»Hm«, sagte der Prinz. »Ich kenne sie nicht. Ich habe sie nie gesehen. Aber – sie soll wunderschön sein.«

»Na und?«, sagte der Drache. »Ist das alles? Ich kenne andere Prinzessinnen, vor allem solche ohne Krone, die sind allemal schöner – und liebenswerter.«

Der Prinz ließ das Schwert sinken.

Er wusste nicht, was er sagen sollte.

»Wenn du willst, zeige ich dir den Weg«, sagte der Drache. »Ich will sowieso weg von hier. Der Wind hier ist nicht gut für meine Ohren. Ich zeig dir eine Prinzessin, die wird dir gefallen.«

Der Prinz mit der Trompete dachte nach. »Einverstanden«, sagte er nach einer Weile. »Ich komme mit.«

Der Prinz und der Drache ließen die Wiese und den Teich, die schöne Prinzessin und den zornigen König mitsamt seinem Königreich hinter sich.

Sie spazierten kreuz und quer durch viele Länder, und weil keiner einem Drachen in die Quere kommen wollte, hatten sie nichts zu befürchten.

Schließlich kamen sie zu einem Dorf an einem Fluss, das der Drache gut zu kennen schien.

Er wurde freundlich begrüßt, die Kinder liefen auf ihn zu und spielten mit ihm.

Er und sein Freund, der Prinz, bekamen zu essen und zu trinken.

Und weil die Stimmung so gut war, stellte sich der Prinz auf einen Stein und spielte auf seiner Trompete.

»Ich danke dir für die schöne Musik«, sagte eine Frau, als er wieder vom Felsen stieg. »Du hast uns reich beschenkt. Ich will dir auch etwas geben.«

Sie reichte ihm eine verzierte Tasche.

»Damit dein Instrument einen guten, sicheren Platz hat«, sagte sie fröhlich. »Wir wollen dich ja noch oft spielen hören!«

Der Prinz freute sich, dass sie den ganzen Abend lang an seiner Seite blieb, und am meisten freute er sich über ihr Lachen.

Das Lachen macht sie wunderschön, dachte er, und da wusste er, dass der Drache recht gehabt hatte. Er hatte eine Prinzessin ohne Krone gefunden, eine Prinzessin, die ihm schöner erschien als jede andere, die er zuvor gesehen hatte.

So blieben der Drache und der Prinz im Dorf am Fluss.

Fast jeden Abend gab der Prinz ein kleines Konzert. Er verbrachte viel Zeit mit seiner Prinzessin und man konnte die beiden oft miteinander lachen hören. Der Drache achtete gut auf das Dorf und die beiden Verliebten – und auf seine empfindlichen Ohren!

Und wenn alle, die dabei waren, nicht gestorben sind, so leben und lachen sie noch heute ...

Der Mond im Brunnen

Ein Märchen aus dem Orient, neu erzählt

Eines Abends, die Luft war klar und die Nacht war hell, wurde Nasreddin von seinen Eltern zum Brunnen geschickt, um kühles Wasser zu holen. Die Sterne strahlten hoch über seinem Kopf und die Wiesen schimmerten im Mondlicht.

Nasreddin schaute lange in den Himmel und freute sich über die schöne Sommernacht.

Schließlich beugte er sich mit seinem Eimer über den Brunnen, um Wasser zu schöpfen. Aber was war das! Erschrocken wich er zurück!

Der Mond, den er eben noch am Himmel bewundert hatte, war ins Wasser gefallen! Er leuchtete ihm nun aus der Tiefe des Brunnens entgegen! Das ganze Wasser schimmerte hell ...

»Ich muss den Mond retten!«, sagte Nasreddin zu sich. »Jetzt heißt es mutig sein und rasch handeln!«

Er band seinen Eimer an einen langen Strick und warf ihn, so tief er nur konnte, in den Brunnen, tief hinab, dort, wo er den Mond leuchten sah.

»Ich hole dich heraus!«, rief Nasreddin, und dann zog und zog er am Strick, dass ihm fast die Luft wegblieb.

»Bist du schwer!«, rief Nasreddin dem Leuchten in seinem Eimer zu, während er zog und zog.

Auch wenn er sich noch so anstrengen musste – er durfte jetzt nicht aufgeben!

Da, plötzlich – mit einem Ruck – riss der Strick und Nasreddin landete auf dem Boden. Der Eimer polterte zurück ins Wasser.

Nasreddin saß auf dem Boden und schaute verwundert in den Himmel. Da war er ja wieder, der Mond! Strahlend und prachtvoll stand er am Himmel, so, als ob nichts geschehen wäre!

»Ich habe es geschafft!«, jubelte Nasreddin. »Ich habe den Mond gerettet!«

Rasch lief er nach Hause – ohne kühles Wasser, aber frohen Herzens.

»Der Mond ist ins Wasser gefallen! Ich habe den Eimer hineingeworfen und ihn herausgezogen«, erzählte er seinen Eltern aufgeregt. »Das Seil ist gerissen, aber ich habe es geschafft!« Stolz zeigte er aus dem Fenster.

Groß und rund stand der Mond überm Dorf.

»Du hast den Mond im Wasser gesehen?«, fragte der Vater.

»So ist es!«, nickte Nasreddin. »Der Mond war im Brunnen.«

Der Vater seufzte.

»Und der Eimer ist weg?«, fragte sein Vater.

»Der Eimer ist weg«, sagte Nasreddin. »Aber der Mond ist da!«

»Dann wollen wir zufrieden sein«, sagte Nasreddins Mutter.

Lange standen sie alle drei am Fenster und schauten auf das Leuchten über ihnen.

»Wer möchte kein Zauberwesen in seinem Haus haben?«

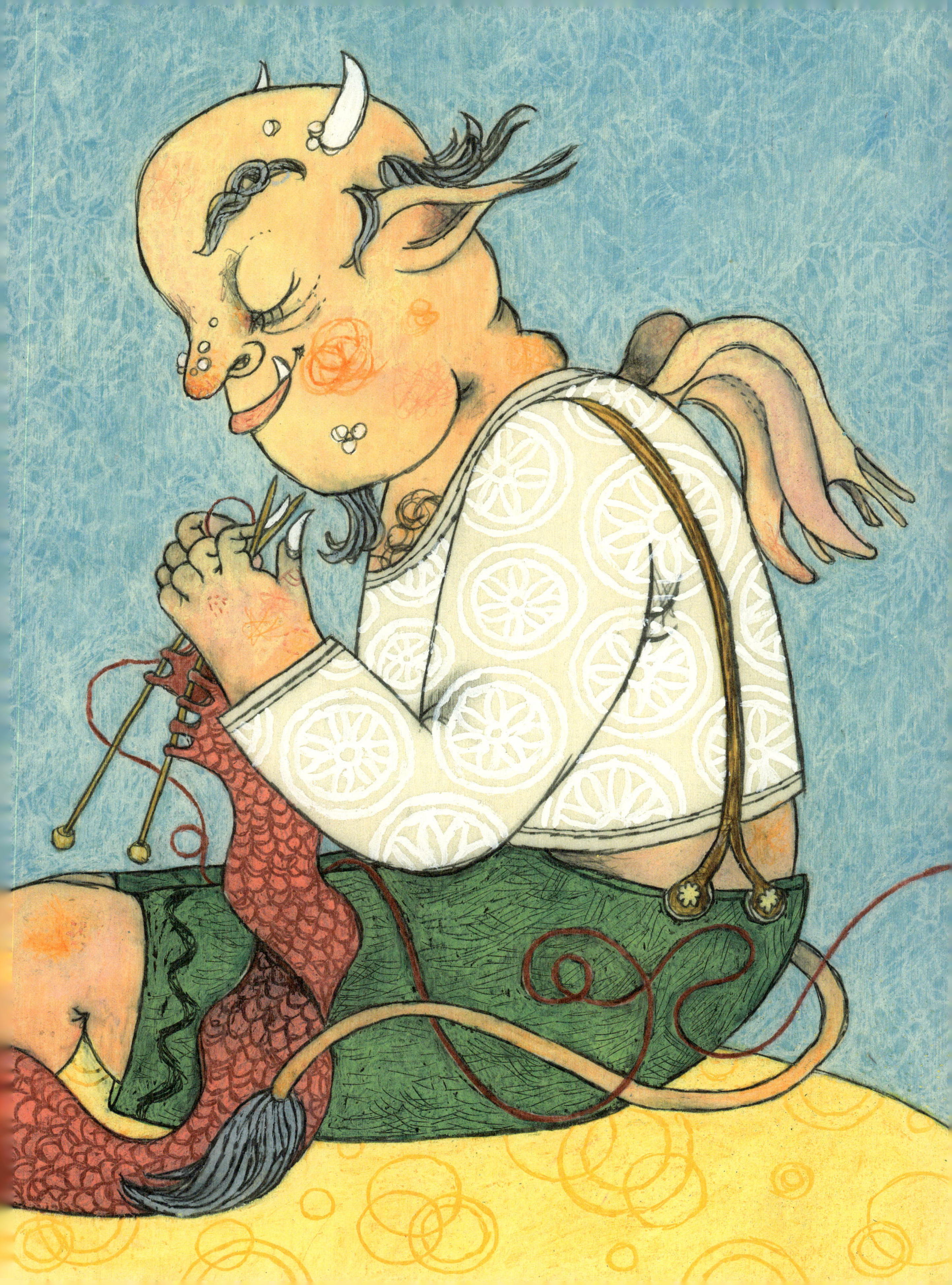

Der Zaubertopf

Ein Märchen aus Schweden, neu erzählt

Vor hundert oder fünf Jahren lebten einmal ein Mann und eine Frau. Sie waren arm und ihr ganzer Besitz war eine Kuh. Eines Tages mussten die beiden auch die Kuh verkaufen. Sie gab keine Milch mehr und das Geld wurde knapp. Der Mann zog mit der Kuh zum Markt. Unterwegs traf er einen alten Wanderer.

»Wohin des Weges?«, fragte der Alte.

»Zum Markt. Ich will dort die Kuh verkaufen«, sagte der Mann.

»Was willst du denn dafür haben?«, fragte der Alte freundlich.

Der Mann schaute die Kuh an und kratzte sich ratlos am Kopf.

»Das hab ich mir noch gar nicht überlegt«, sagte er nachdenklich.

»Wenn das so ist, dann gib mir die Kuh«, rief der Alte. »Du sollst dafür diesen Topf hier bekommen, und glaub mir – du wirst es bestimmt nicht bereuen.«

Der Mann war einverstanden. Er gab dem Alten die Kuh und nahm den Topf dafür. Dann ging er zufrieden nach Hause.

»Was bist du nur für ein Dummkopf!«, rief seine Frau zornig, als er ihr den Topf zeigte. »Geht mit einer Kuh aus dem Haus und kommt mit einem Topf zurück! Was soll das für ein Tauschhandel sein!« Voller Zorn warf sie den Topf in den schmutzigsten Winkel der Hütte.

In der Nacht konnte die Frau vor Kummer und Sorge nicht schlafen. Was würden sie morgen essen?

Da hörte sie eine Stimme in der Ecke der Hütte.

»Jetzt gehe ich!«, sagte der Topf laut und spazierte zur Tür hinaus. Der Topf marschierte geradewegs zum Schloss des Königs und stellte sich vor die Küchentür. Ein Koch nahm ihn mit in die Küche und legte Fleisch und Speck hinein.

Als der Topf ganz voll war, sagte er laut: »Jetzt gehe ich!«, und im gleichen Augenblick war er schon wieder unterwegs. Er rannte zur Hütte der armen Leute und stellte sich auf den Tisch.

Wie die beiden da staunten! So viel Fleisch und Speck! Mitten in ihrer armseligen Hütte!

»Siehst du!«, sagte der Mann zu seiner Frau. »Der Tausch hat sich doch gelohnt! Jetzt haben wir einen Zaubertopf! Und wer möchte kein Zauberwesen in seinem Haus haben?«

Sie aßen und tranken drei Tage lang. Dann putzte die Frau den Topf so fein, dass er glänzte und noch schöner war als zuvor.

Eines Nachts hörte sie den Topf wieder rufen: »Jetzt gehe ich!«

Im selben Augenblick war er auch schon zur Tür hinaus. Er wanderte wieder zum Schloss des Königs. Diesmal stellte er sich vor die Tür zum großen Saal.

Dort waren die Mägde gerade dabei, das Silber zu putzen. Sie nahmen den Topf und legten alles Silber hinein.

Als der Topf voll war, rief er: »Jetzt gehe ich!«, und nur wenige Minuten später stand er auch schon wieder in der Hütte.

Der Mann und die Frau wunderten sich. So viel Silber! Was für ein Schatz! Jetzt waren sie reich und von aller Not und Armut befreit. Der Topf wurde blank geputzt und stand lange still und zufrieden auf dem Tisch.

Eines Abends sprach er plötzlich wieder: »Jetzt gehe ich!«

Er ging zum Schloss und blieb vor den Gemächern des Königs stehen. Auf dem Schloss war gerade ein großes Fest im Gange. Der König hatte viel gegessen und getrunken und getanzt, und jetzt musste er dringend auf den Topf. Er lief durchs Schloss – und da sah er auch schon einen Topf stehen … Er wunderte sich noch über den ungewöhnlichen Nachttopf und setzte sich gerade darauf, als der Topf »Jetzt gehe ich!« rief und mitsamt dem König davonsauste.

Er sauste über Stock und Stein bis in die Hütte des Mannes und der Frau. Dort blieb er plötzlich stehen, dann zersprang er und zerfiel in hundert Stücke.

Der König saß benommen und halb nackt auf dem Boden und genierte sich.

»Liebe Leute!«, sagte er verlegen und zog seine Hose hoch. »Wenn ihr niemandem erzählt, was hier passiert ist – dann lasse ich euch ein Haus bauen, ganz nach euren Vorstellungen!«

Und so geschah es auch.

Der Zaubertopf war verschwunden, aber das Glück blieb dem Mann und der Frau treu. Sie lebten in ihrem neuen schönen Haus, und wenn sie nicht gestorben sind, dann lachen sie heute noch – manchmal, heimlich – über den König auf seinem seltsamen Thron …

Die goldene Wiege

Ein Märchen aus Luxemburg, neu erzählt

In einem kleinen Ort in Luxemburg, auf einem schönen Hügel, liegt bis heute eine goldene Wiege halb in der Erde versteckt. Manchmal kann man ein kleines Stück im Gras aufblitzen sehen, wenn die Sonne mit der Wiege spielt oder der Wind sie besuchen kommt.

Sie soll einst einem Königskind gehört haben, aber niemand weiß, warum die Wiege halb in der Erde verschwunden ist.

Im Lauf der Zeit sollen viele mutige Männer versucht haben, die goldene Wiege aus der Erde zu ziehen und mit nach Hause zu nehmen.

»Wir dürfen kein Wort sagen, solange wir die Wiege berühren«, sagte einer von vier Handwerksburschen, die eines Tages des Weges kamen. »Ich habe gehört, dass die Wiege nur dem gehören kann, der zur rechten Zeit zu schweigen weiß.«

Also zogen und zogen die vier starken Männer an der halb vergrabenen Wiege, aber so schön das Gold auch im Licht glänzte – die Wiege wollte sich nicht herausziehen lassen. Da, plötzlich, gab sie ein Stück nach.

»Na, geht doch«, brummte einer der vier Burschen – und schon war die Wiege noch tiefer verschwunden in der Erde als zuvor.

Sie probierten es noch einmal. Schweigend griffen sie nach der goldenen Wiege, mit aller Kraft zogen sie, und wirklich – sie bewegte sich.

Da hörte man von allen Seiten ein lautes Blöken und Rufen – der Schafhirte mit seinen Schafen kam des Weges.

»Grüß dich, Hobscheider-Hirt!«, rief einer der Burschen, und schon war die goldene Wiege aus ihren Händen geglitten, zurück in die Erde.

Sie versuchten es ein drittes Mal, aber da juckte es einem in der Nase und er musste plötzlich niesen.

»Hatschi!«, tönte es laut über den Hügel, und schon wieder war die Wiege nicht mehr zu erwischen.

Die vier Burschen zogen ohne die goldene Wiege weiter, und so erging es noch vielen, die ihr Glück versuchten.

Einige munkeln, dass die Wiege den Wichteln und Nachtmännchen gehöre. So mancher erzählt, dass unter der Erde oft ein Lachen und Kichern zu hören sei, wenn wieder einer nach dem glänzenden Gold greife ...

So liegt die goldene Wiege noch immer halb in der Erde und die Sonne und der Wind spielen mit ihr.

Wenn du vorbeikommst an jenem Ort und du siehst es aufblitzen unter deinen Füßen – dann versuch dein Glück!

Wer's nicht versucht, der sucht nicht, und wer nicht sucht, der kann nichts finden.

Heinz Janisch

Herr Zibrillo lernt fliegen

Herr Zibrillo ist Schauspieler. Er liebt seinen Beruf und das Leben auf der Bühne. Wenn die anderen Schauspieler freihaben und nicht ins Theater müssen, dann gehen sie ins Kino oder zu einem Fußballspiel, oder sie fahren ans Meer. Herr Zibrillo aber verschwindet in seiner Werkstatt.

Schon als sehr kleiner Herr Zibrillo hatte er einen großen Traum. Er wollte fliegen – mithilfe eines selbst erfundenen Fluggerätes. Natürlich weiß Herr Zibrillo, dass es Flugzeuge und Hubschrauber gibt, und Reisebüros, in denen man einen Flug rund um die Welt buchen kann. Aber Herr Zibrillo will es anders schaffen.

»Ich werde mich eines Tages in die Lüfte erheben. Einfach so!« Daran glaubt er. Und so bastelt er in jeder freien Minute an den unglaublichsten Fluggeräten.

In seiner Werkstatt stehen die sonderbarsten Erfindungen. Da gibt es ein altes Fahrrad mit einem aufgespannten schwarzen Regenschirm, ein großes Papierflugzeug, das so groß ist, dass es niemand werfen kann, da gibt es einen Flugsessel mit eingebauter Batterie, ein Ruderboot mit Flügeln und vieles mehr ...

Herr Zibrillo ist ein eigensinniger Erfinder. Seine Erfindungen sehen zwar alle wunderschön aus, aber sie funktionieren nicht. Auch die Luftmatratze mit dem Riesenpropeller und der fliegende Teppich, den er selbst gewebt hat, steigen nicht in die Luft.

Herr Zibrillo ist mutig. Er probiert alle seine Erfindungen selbst aus. Er rollt mit dem Fahrrad den steilsten Hügel hinunter. Er rudert mit seinem Boot den Fluss hinab, so schnell er nur kann. Er stellt den Flugsessel auf das Dach seines Hauses und schaltet die Batterie ein. Aber – was er auch versucht: Herr Zibrillo fliegt nicht.

Er stürzt mit seinem Fahrrad und landet im Gebüsch. Er fährt mit seinem Boot gegen den Felsen und rudert müde an Land. Er nimmt seinen Flugsessel und trägt ihn zurück in die Werkstatt.

Eines Tages baut Herr Zibrillo eine Zwitschermaschine. Einfach so. Weil Sonntag ist. Zum Zeitvertreib. Sie ist so klein, dass er sie in die Tasche stecken kann.

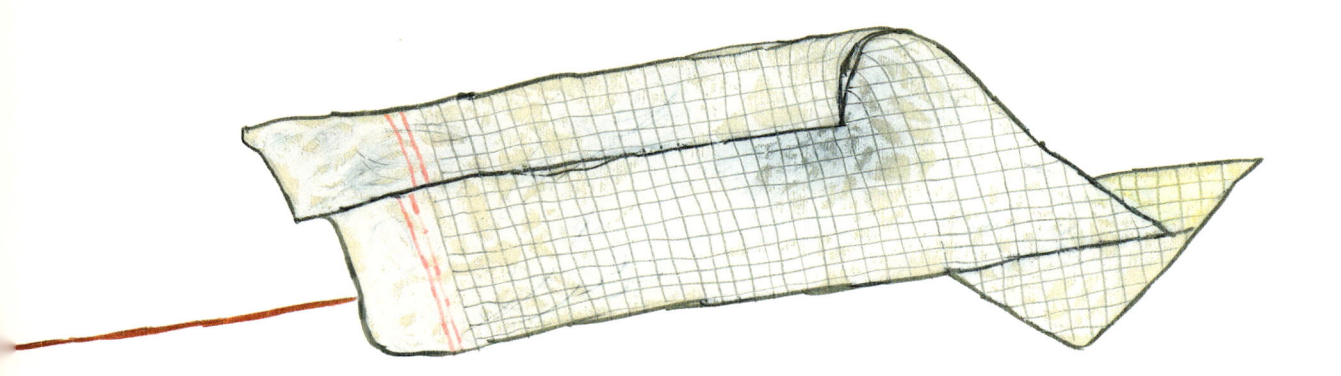

Herr Zibrillo spaziert zu einer Wiese. Er stellt sich ins hohe Gras und lässt die Zwitschermaschine in seiner Tasche zwitschern, dass es eine Freude ist. Ohne es zu merken, hebt sich Herr Zibrillo langsam in die Luft. Bald schwebt er zwei, drei Meter über dem Boden. Er beugt sich nach vor. Wunderbar leicht liegt er in der Luft. Er streckt die Arme aus und bewegt sie vorsichtig. Es funktioniert!

Während es zwitschert und zwitschert in seiner Tasche, fliegt Herr Zibrillo über die Wiese und über den Wald und viel weiter noch, bis er müde wird. Er landet weich auf der Wiese und schaltet die Zwitschermaschine ab. Dann geht er zufrieden vor sich hin pfeifend nach Hause.

Am nächsten Nachmittag steht Herr Zibrillo wieder als Schauspieler auf der Bühne. Ein neues Stück ist angekündigt.

Herr Zibrillo holt plötzlich die Zwitschermaschine aus seiner Tasche und lässt sie im Theater zwitschern. Dann steigt er langsam hoch und dreht ein paar Runden über den Köpfen der erstaunten Zuschauer. Nach und nach erheben sich alle im Saal. Auch die anderen Schauspieler schweben summend und lachend durch die Luft. Bald fliegen alle Zuschauer, die Kinder und die Erwachsenen, kreuz und quer durchs Theater.

Ein fliegender Theaterkritiker schreibt noch in der Luft: *Sensation! Das müssen Sie gesehen haben!* »Herr Zibrillo lernt fliegen« *ist das Stück der Saison!*

Am späten Abend geht Herr Zibrillo noch einmal spazieren. Er greift nach der Zwitschermaschine in seiner Tasche.

»Nur eine kleine Runde«, sagt er leise und hebt die Arme.

»Ein Schiff war prächtiger als das andere ...«

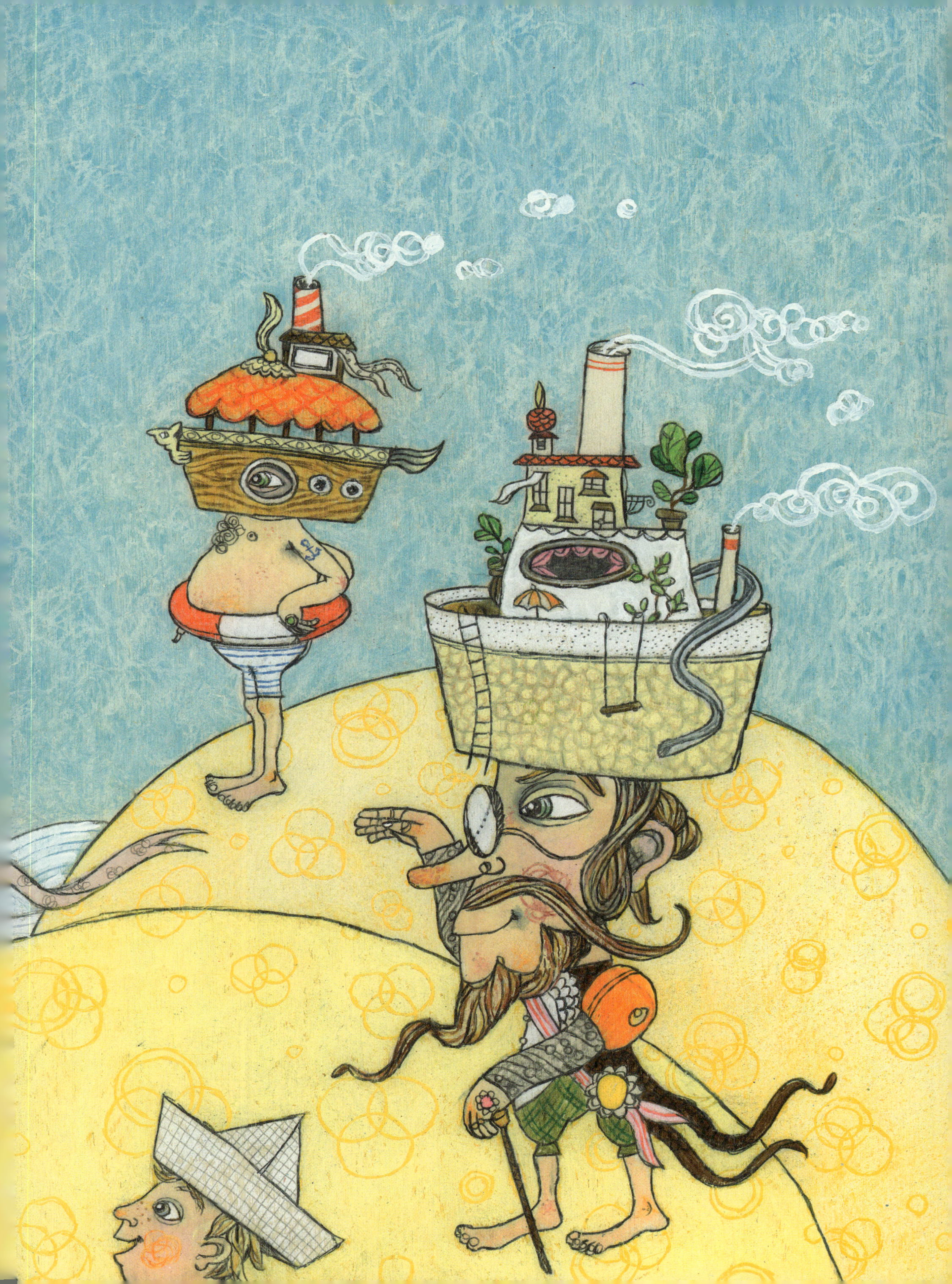

Der kluge Kapitän

Ein Märchen aus den Niederlanden, neu erzählt

Vom Ruhm vergangener Tage erzählt eine alte Geschichte, die Geschichte von der reichen Frau von Stavoren.

Einst war Stavoren eine reiche Stadt, berühmt für ihre geschäftstüchtigen Kaufleute und mutigen Kapitäne, die über die Nord- und Ostsee fuhren und Schätze aus aller Welt nach Hause brachten. Das ist lange her. Die Schiffe bringen ihre Waren heute in andere Städte, die Ströme haben ihre Richtung geändert und Stavorens Ruhm existiert nur noch in der Erinnerung.

Vor vielen Jahren und drei Tagen wohnte in Stavoren eine reiche Kaufmannswitwe. Viele Schiffe gehörten ihr, ein Schiff war prächtiger als das andere und jeden Tag legte eines davon – voll beladen mit kostbaren Waren – im Hafen an.

Eines Morgens rief die Witwe einen ihrer Kapitäne zu sich. Er solle ihr das Kostbarste bringen, das auf der ganzen Erde zu finden sei, flüsterte sie ihm ins Ohr. Das sei ihr sehnlichster Wunsch. Wie lange seine Reise rund um die Welt auch dauern würde – er solle ihren Wunsch nicht vergessen! Sie würde ihn dafür reichlich belohnen.

Das Schiff verließ am nächsten Tag den Hafen.

Wochen und Monate, sogar Jahre vergingen. Endlich – nach einer langen, beschwerlichen Reise – kehrte der Kapitän zurück ... Die Kaufmannswitwe stand erwartungsvoll am Kai. Stolz führte sie der Kapitän an Bord. Das Schiff war voll beladen mit herrlichem Weizen, der golden in der Sonne glänzte.

»Das ist das Kostbarste, das ich auf meiner Reise gesehen habe!«, sagte der Kapitän und verbeugte sich.

Als die Kaufmannswitwe sah, dass die Ladung nur aus Weizen bestand, geriet sie außer sich vor Zorn. »Diese staubigen Körner sollen kostbar sein?«, rief sie wütend. »Ich befehle euch, die ganze Ladung sofort über Bord zu werfen. Auf der Stelle!«

Während der Weizen im Meer verschwand, rief ein alter Seemann traurig: »Madame, Euer Hochmut wird bestraft werden. Es wird eine Zeit kommen, da werdet Ihr um Euer Brot betteln müssen. Denkt an meine Worte.«

Die Witwe nahm einen goldenen Ring vom Finger und warf ihn in die Wellen. Sie sah den Seemann verächtlich an. »Erst wenn dieser Ring wieder aus dem Meer auftaucht, werde ich um Brot betteln. Keine Sekunde früher!«

Drei Wochen später saß die Witwe beim Abendessen.

Ein großer Fisch lag gebraten auf ihrem Teller. Als sie den Fisch zerteilte, fand sie im Bauch des Fisches ihren goldenen Ring ...

Noch am selben Abend erhielt sie die Nachricht, dass alle ihre viel zu schwer beladenen Schiffe bei einem furchtbaren Unwetter auf hoher See gekentert waren. Mit einem Schlag hatte sie alles verloren. So musste sie am Hafen stehen und um Brot betteln ...

Vor dem Hafen – so wird erzählt – entstand eine Sandbank, genannt »Het Vrouwenzand«. Angeblich wuchs dort Getreide, aber man fand nie Körner in den Ähren.

Die alte Axt

Ein Märchen aus Litauen, neu erzählt

Es war einmal ein armer Holzfäller, der ging manchmal nach der Arbeit zum nahen Teich, um ein paar Fische zu fangen.

Eines Tages warf er die Angel aus, aber dabei rutschte ihm seine alte Axt aus der Jackentasche und fiel ins tiefe Wasser.

»Meine Axt!«, rief der Holzfäller entsetzt. »Wie soll ich ohne Axt morgen zur Arbeit gehen?«

Er legte die Angel beiseite, als plötzlich ein kleines Männchen mit weißem Bart vor ihm stand.

»Was schreist du da herum?«, fragte das Männchen. »Was fehlt dir denn?«

»Ach, meine Axt ist mir ins Wasser gefallen«, jammerte der Holzfäller. »Ohne Axt bin ich verloren!«

»Wenn es weiter nichts ist«, sagte das Männchen, und schon war es mit einem Sprung im Wasser verschwunden. Es tauchte bald wieder auf und hielt eine goldene Axt in der Hand. »Ist das deine Axt?«, fragte das Männchen und hielt die goldene Axt hoch.

»Aber nein«, sagte der Holzfäller. »Das ist sie nicht. Meine sieht ganz anders aus.«

Das Männchen tauchte erneut unter. »Ist das deine Axt?«, fragte es und hielt eine silberne Axt in die Höhe. Die Axt glitzerte in der Sonne.

»Aber nein«, sagte der Holzfäller. »Das ist sie nicht. Meine sieht ganz anders aus.«

Das Männchen tauchte noch einmal unter. »Ist sie das?«, fragte das Männchen und zeigte dem Holzfäller die alte, abgenutzte Axt.

»Das ist sie!«, rief der Holzfäller erfreut. »Ich danke dir von ganzem Herzen! Soll ich einen Fisch für dich fangen?«

»Lass gut sein!«, sagte das Männchen. »Deine Ehrlichkeit rührt mich. Es braucht viel Mut zur Ehrlichkeit! Ich schenke dir auch die goldene und die silberne Axt. Verkauf sie und es wird dir gut ergehen!«

Das Männchen legte ihm die goldene und die silberne Axt vor die Füße und verschwand so rasch, wie es gekommen war.

Der Holzfäller fing noch zwei Fische fürs Abendessen, dann nahm er seine Axt, und die goldene und die silberne dazu, und dann ging er vergnügt nach Hause.

Als er im Wirtshaus von seinen Erlebnissen erzählte und alle hörten, wie der Holzfäller zu Geld gekommen war, schlich sich ein anderer Holzfäller rasch zum Teich. Er holte eine Angel heraus und tat so, als würde er fischen. Mit einem weiten Wurf warf er seine Axt ins Wasser. Dann begann er laut zu jammern: »Oh, meine Axt! Was soll ich nur ohne meine Axt machen?«

In der nächsten Sekunde stand das kleine Männchen mit dem weißen Bart vor ihm. »Was schreist du da herum?«, fragte das Männchen. »Was fehlt dir denn?«

»Ach, meine Axt ist mir ins Wasser gefallen«, jammerte der Mann. »Ohne Axt bin ich verloren!«

»Wenn es weiter nichts ist«, sagte das Männchen, und schon war es mit einem Sprung im Wasser verschwunden. Es tauchte rasch wieder auf und hielt die Axt des Mannes in der Hand. »Ist sie das?«, fragte das Männchen.

»Aber nein, was soll das für eine schäbige Axt sein!«, rief der Mann. »Meine sah ganz anders aus!«

Das Männchen tauchte unter und hob eine silberne Axt in die Höhe.

Der Mann sah das Glitzern, aber er rief: »Auch das ist sie nicht! Meine sah anders aus!«

Das Männchen tauchte unter und kam bald mit der goldenen Axt ans Ufer zurück. »Ist sie das?«, fragte das Männchen.

»Das ist sie! Das ist sie!«, rief der Holzfäller und wollte sie dem Männchen aus der Hand reißen. Aber er verbrannte sich die Finger an der goldenen Axt, so glühte sie in den Händen des kleinen Männchens.

»Willst du mich zum Narren halten?«, fragte das Männchen mit zorniger Stimme.

Der Mann steckte seine verbrannten Finger ins kühle Wasser und schüttelte den Kopf. »Das ist meine Axt! Ich erkenne sie wieder!«

Das Männchen gab dem Holzfäller einen Stoß, und schon lag er im Wasser.

Als er mit seinen nassen Kleidern endlich aus dem Teich kam, war das Männchen verschwunden. Und mit ihm die Angel des Mannes, die goldene Axt, die silberne, ja sogar seine alte Axt.

So hatte er sich bei der Sache gehörig die Finger verbrannt.

Nass und müde kehrte er nach Hause zurück und noch heute wagt er sich nicht mehr in die Nähe jenes Teichs.

Die drei Zauberfische

Ein Märchen aus Tschechien, neu erzählt

Es lebte einmal ein Fischer, der war arm, und sein Glück ging lieber spazieren oder ins Wirtshaus als zum Fischen. So hatte er nur selten einen saftigen Fisch an der Angel und musste oft hungern.

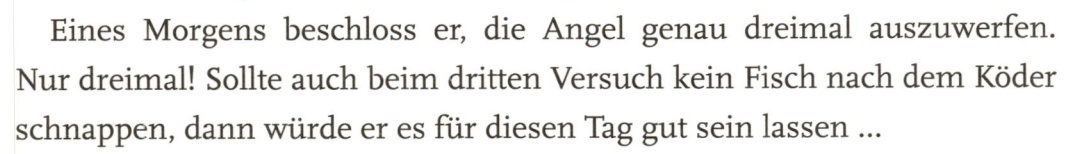

Eines Morgens beschloss er, die Angel genau dreimal auszuwerfen. Nur dreimal! Sollte auch beim dritten Versuch kein Fisch nach dem Köder schnappen, dann würde er es für diesen Tag gut sein lassen ...

Er ging zum nahen Teich und warf den Köder aus. Beim ersten Mal hing ein großer grauer Stein an der Angel, beim zweiten Mal ein Stück Holz, das wie ein Eber aussah. Beim dritten Mal zog der Fischer ein kleines schmuckverziertes Kästchen aus dem Wasser. Er öffnete es, und zu seinem Erstaunen sprang ein kleines Männchen heraus, das von Sekunde zu Sekunde größer wurde, bis ein gewaltiger Riese vor ihm stand.

»Lass uns Plätze tauschen!«, sagte der Riese mit dröhnender Stimme. »Du hüpfst in mein Kästchen, ich schaue mich ein wenig in der Welt um.«

»Oh, ich bin viel zu groß für dieses kleine Kästchen«, sagte der Fischer. »Könnt Ihr mir zeigen, wie ich da Platz haben soll?«

»Das geht ganz einfach«, sagte der Riese. Er wurde kleiner und kleiner und sprang mit einem Satz ins Kästchen zurück. Der Fischer schloss das Kästchen, so schnell er nur konnte.

»Lass mich heraus!«, rief der Riese. »Ich gebe dir eine schöne Belohnung dafür!«

Der Fischer legte sein Ohr an das Kästchen und rief: »Erzähl erst, was du zu sagen hast!«

»Ich bin der Sohn eines Königs«, sagte der eingesperrte Riese. »Er hat sich über mich geärgert, weil ich nur Streiche im Kopf hatte, und so wurde ich in dieses Kästchen verbannt. Wenn du in den nächsten drei Tagen zum Fischen kommst, so wirst du jeden Tag einen wunderschönen Fisch fangen. Bring diese drei Fische zu meinem Vater, und du wirst es nicht bereuen!«

»So soll es sein«, sagte der Fischer und stellte das Kästchen zurück ins Wasser. »Ich komme wieder!«

In den nächsten drei Tagen fing er drei große bunte Fische, deren Schuppen in allen Farben leuchteten. Jeden einzelnen brachte er als Geschenk zum König und für jeden Fisch erhielt er eine Goldmünze. Aber immer wenn der Koch dem König einen der Fische vorsetzen wollte, erhob sich der Fisch plötzlich in die Luft. Er schwebte über dem Tisch des Königs und rief: »Hast du heute schon Gutes getan?«

Dann löste er sich in Rauch auf und verschwand durchs offene Fenster.

Nach dem dritten Fisch wurde der König nachdenklich. Er musste an seinen Sohn denken und an die vielen Fehler, die er in seinem Leben gemacht hatte. Er ließ den Fischer holen und bat ihn zu berichten, wo er denn diese Fische gefangen habe.

Da erfuhr er alles über das Kästchen und seinen eingesperrten Sohn.

»Es wird Zeit, Gutes zu tun«, sagte der König und rief nach der Kutsche.

Gemeinsam mit dem Fischer fuhr er zum Teich, um seinen Sohn zu befreien. Der Fischer wurde reich belohnt und ging zufrieden nach Hause.

Der König und sein Sohn aber fielen einander um den Hals und saßen die ganze Nacht am Teich, um zu reden und zu lachen und zu weinen.

Und wenn sie nicht gestorben sind, dann findest du sie immer noch am Teich, gleich beim Ufer, hinter den Weiden …

Heinz Janisch

Der rote Pirat

Das kleine Nilpferd kam aus dem Wasser und schob die Taucherbrille auf die Stirn. Da hörte es am Himmel ein Brummen und Dröhnen. Das kleine Nilpferd hob den Kopf. Ein altes, klappriges Flugzeug war zu sehen, hoch in den Lüften. Am Steuer des Flugzeugs saß eine verwegene Gestalt mit einem leuchtend roten Helm.

»Der rote Pirat!«, rief das kleine Nilpferd aufgeregt.

»Jetzt halt doch endlich still«, sagte seine Mutter. »Ich will dich trocken reiben.«

Und schon war das kleine Nilpferd bis über die Ohren in ein großes Badetuch eingewickelt, sodass es nichts mehr sehen konnte. »Der rote Pirat!«, rief das kleine Nilpferd unter dem Badetuch hervor. »Der rote Pirat!«

»Stillhalten«, brummte seine Mutter und ließ nicht los.

Als das kleine Nilpferd endlich trocken gerieben war, hielt es verzweifelt Ausschau. Aber das Flugzeug war verschwunden.

»Der rote Pirat! Habt ihr ihn nicht gesehen?«, fragte das kleine Nilpferd seine Eltern.

Sein Vater gähnte und nahm die Sonnenbrille ab. »Mein Junge«, sagte er, »du liest zu viele Comics.«

»Aber – habt ihr das Flugzeug nicht gehört?«, fragte das kleine Nilpferd.

»Ich hab nur das Meer rauschen hören«, sagte sein Vater.

Am Abend saß das kleine Nilpferd unter seiner Lieblingspalme und blätterte in seinen Büchern und Comicheften. Das kleine Nilpferd hatte alle Abenteuerhefte gesammelt, die über den roten Piraten geschrieben worden waren: *Der rote Pirat in der Wüste, Der rote Pirat im Schnee, Der rote Pirat im Urwald, Der rote Pirat im Eis* – das kleine Nilpferd kannte alle Geschichten.

Es verglich die Bilder. Der rote Pirat war unverkennbar – sein altes Flugzeug, der rote Helm. Es gab keinen Zweifel. Das kleine Nilpferd hatte den roten Piraten gesehen, den mutigsten Abenteurer aller Zeiten.

Zwei Tage später, in der Nilpferdschule, mussten die Schüler einen Aufsatz schreiben: *Was ich einmal werden möchte*. Das kleine Nilpferd blickte gedankenverloren ins Weite. Der rote Pirat in seinem alten, klapprigen Flugzeug flog über die Lichtung. Der rote Pirat winkte. Das kleine Nilpferd winkte zurück.

»Na, und du?«, fragte die Lehrerin das kleine Nilpferd. »Du schreibst ja gar nichts. Was willst du denn werden?«

»Ich werde ein roter Pirat«, sagte das kleine Nilpferd feierlich.

Von nun an gab es für das kleine Nilpferd nur noch ein Ziel. Es musste reiten, fechten, tauchen, springen und laufen können wie der rote Pirat. Es musste lernen, wie man ein Lagerfeuer macht und wie man blitzschnell einen Baum hinaufklettert. Es musste mit einem Satz über jedes Hindernis springen können. Es musste sich so gut tarnen können, dass es von niemandem erkannt werden konnte, nicht einmal von den besten Freunden. Es musste sich im Notfall sogar unsichtbar machen können. Das war besonders schwierig. Das kleine Nilpferd übte und übte. Sobald es aus der Schule kam, saß es unter seiner Lieblingspalme, um sich neue, wilde Abenteuer auszudenken.

Seine Geschwister, die drei ganz kleinen Nilpferde, mussten mitspielen. Sie wurden vom kleinen Nilpferd ins Wasser geworfen und vom roten Piraten gerettet. Sie wurden auf den höchsten Baum gesetzt und vom roten Piraten wieder heruntergeholt. Sie wurden gefesselt und dann vom tollkühnen Piraten befreit.

Die drei ganz kleinen Nilpferde wunderten sich über ihren Bruder.

Plötzlich – mitten im Spiel – setzte er sich eine rot gefärbte Kokosnussschale auf und schrie: »Ha! Ich bin der rote Pirat! Ha! Was geht hier vor? Ha! Ich werde euch retten!«

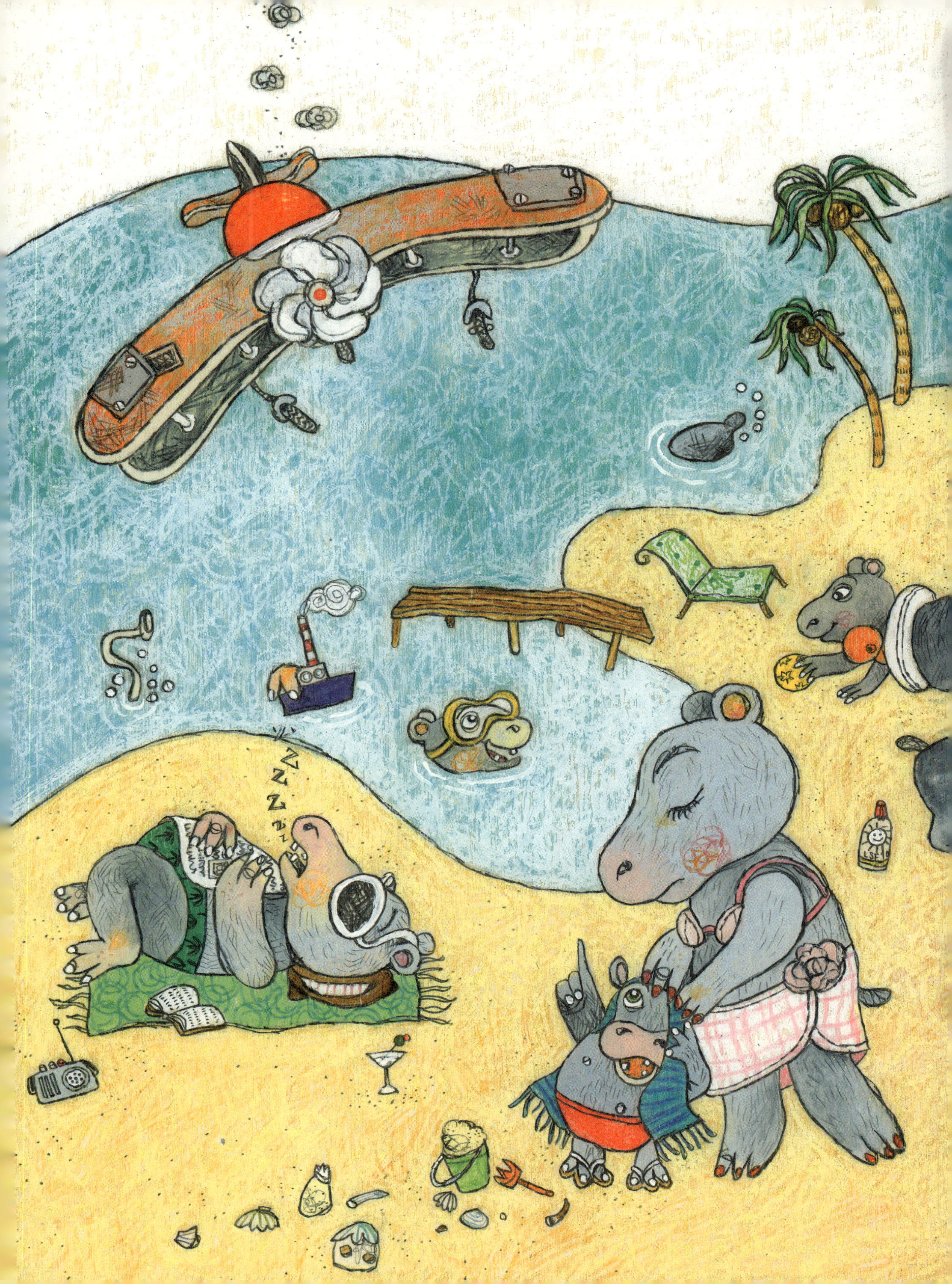

So ging es viele Tage. Die Abenteuer des roten Piraten wurden immer gefährlicher. Eines der ganz kleinen Nilpferde fiel vom Baum, ein anderes wäre fast ertrunken. Und das dritte ganz kleine Nilpferd hätte sich am Lagerfeuer fast den Hintern verbrannt. Das kleine Nilpferd selbst – das baute eine gewaltige Bruchlandung, als es versuchte, mit der alten, rostigen Badewanne wegzufliegen, die hinterm Haus stand.

Eines Tages – die Nilpferdfamilie saß gerade beim Frühstück – landete draußen auf dem Strand ein altes, klappriges Flugzeug. Ein altes Nilpferd mit einem leuchtend roten Helm stieg aus dem Flugzeug und kam näher.

Alle saßen wie erstarrt da. Nur das kleine Nilpferd war aufgesprungen.

»Ich bin der rote Pirat«, sagte das alte Nilpferd. »Entschuldigen Sie, dass ich beim Frühstück störe. Aber das kleine Nilpferd muss mir helfen. Ich bin alt und schon ein wenig müde. Und es gibt viel zu tun.«

»Ich bin bereit«, sagte das kleine Nilpferd.

»Ich weiß«, brummte der rote Pirat freundlich. »Ich habe dich üben sehen.« Er klopfte dem kleinen Nilpferd anerkennend auf die Schulter. »Komm jetzt!«

Beide rannten los.

»Bis später!«, rief das kleine Nilpferd seinen Eltern und seinen drei Geschwistern zu, dann saßen die beiden roten Piraten auch schon im Flugzeug. Das Flugzeug startete und innerhalb von Sekunden war es zwischen den Wolken verschwunden.

»Das darf doch nicht wahr sein«, sagte der Vater des kleinen Nilpferds. »Habt ihr das gesehen?«

Die anderen nickten stumm.

»Mein Bruder ist der rote Pirat!«, rief das allerkleinste Nilpferd stolz.

Gegen Mittag kam das kleine Nilpferd wieder zurück. Es nahm seinen roten Helm ab und sagte: »So, das wäre erledigt.« Und zu seinen erstaunten Eltern sagte es noch: »Schönen Gruß vom Piraten. Es lässt sich noch einmal dafür entschuldigen, dass er euch beim Frühstück gestört hat.«

»Keine Ursache«, sagte die Mutter des kleinen Nilpferds. »Wenn es wichtig war.«

»War es. Und er hat gesagt: Gemeinsam sind wir unschlagbar.«

Und dann legte sich das kleine Nilpferd ins Bett und schlief durch bis zum Abendessen.

Seither kommt es vor, dass kleine Nilpferde irgendwo aus dem Wasser auftauchen, die Taucherbrille hochschieben – und ein altes, klappriges Flugzeug sehen, in dem zwei Nilpferde sitzen, ein altes und ein junges.

»Die roten Piraten!«, rufen die kleinen Nilpferde dann aufgeregt.

»Ja, ja«, sagen die Nilpferdmütter und reiben die kleinen Nilpferde trocken, dass ihnen Hören und Sehen vergeht.

Wenn sie anschließend wieder den Kopf heben, ist das Flugzeug verschwunden. Und mit ihnen die roten Piraten.

»Aber – habt ihr das Flugzeug nicht gehört?«, fragen die kleinen Nilpferde.

Und die Nilpferdväter gähnen und nehmen die Sonnenbrillen ab und sagen: »Ich hab nur das Meer rauschen hören.«

»… nun weiß ich,
    was Gruseln ist!«

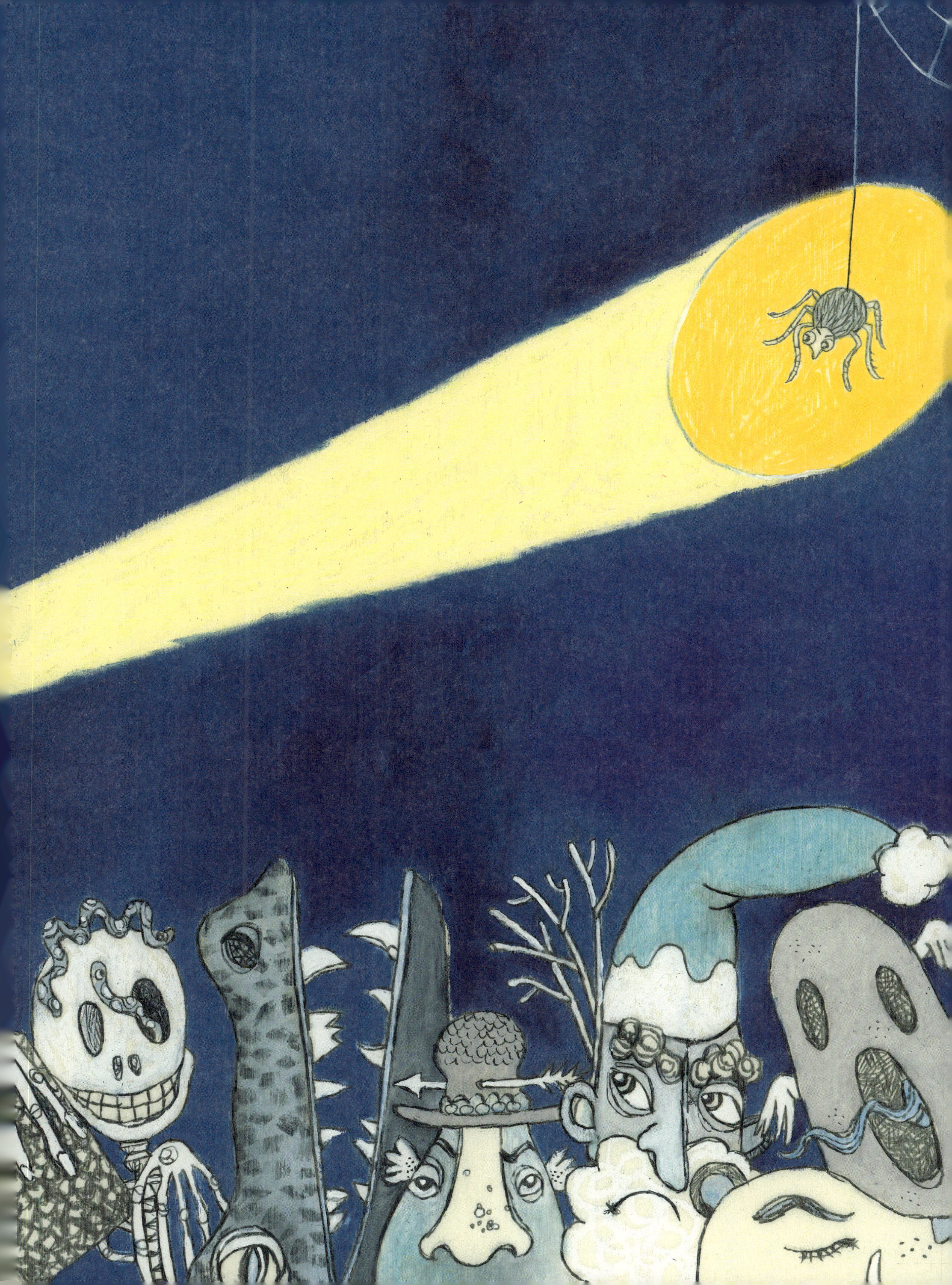

Brüder Grimm

Von einem, der auszog, das Fürchten zu lernen

Ein Vater hatte zwei Söhne, davon war der älteste klug und gescheit und wusste sich in alles wohl zu schicken, der jüngste aber war dumm, konnte nichts begreifen und lernen. Und wenn ihn die Leute sahen, sprachen sie: »Mit dem wird der Vater noch seine Last haben!«

Wenn nun etwas zu tun war, so musste es der älteste allzeit ausrichten; hieß ihn aber der Vater noch spät oder gar in der Nacht etwas holen und der Weg ging dabei über den Kirchhof oder sonst einen schaurigen Ort, so antwortete er wohl: »Ach nein, Vater, ich gehe nicht dahin, es gruselt mir!«, denn er fürchtete sich.

Oder wenn abends beim Feuer Geschichten erzählt wurden, wobei einem die Haut schaudert, so sprachen die Zuhörer manchmal: »Ach, es gruselt mir!«

Der jüngste saß in einer Ecke und hörte das mit an und konnte nicht begreifen, was es heißen sollte. »Immer sagen sie, es gruselt mir! Mir gruselt's nicht, das wird wohl eine Kunst sein, von der ich auch nichts verstehe.«

Nun geschah es, dass der Vater einmal zu ihm sprach: »Hör, du, in der Ecke dort, du wirst groß und stark, du musst auch etwas lernen, womit du dein Brot verdienst. Siehst du, wie dein Bruder sich Mühe gibt, aber an dir ist Hopfen und Malz verloren.«

»Ei, Vater«, antwortete er, »ich will gerne was lernen. Ja, wenn's anginge, so möchte ich lernen, dass mir's gruselte.«

Der älteste lachte, als er das hörte, und dachte bei sich: Du lieber Gott, was ist mein Bruder ein Dummbart, aus dem wird sein Lebtag nichts; was ein Häkchen werden will, muss sich beizeiten krümmen.

Der Vater seufzte und antwortete ihm: »Das Gruseln, das sollst du schon lernen, aber dein Brot wirst du damit nicht verdienen.«

Bald danach kam der Küster zu Besuch ins Haus, da klagte ihm der Vater seine Not und erzählte, wie sein jüngster Sohn in allen Dingen so schlecht beschlagen wäre, er wüsste nichts und lernte nichts.

»Denkt Euch, als ich ihn fragte, womit er sein Brot verdienen wollte, hat er gar verlangt, das Gruseln zu lernen.«

»Wenn's weiter nichts ist«, antwortete der Küster, »das kann er bei mir lernen; tut ihn nur zu mir, ich will ihn schon abhobeln.«

Der Vater war es zufrieden, weil er dachte: Der Junge wird doch ein wenig zugestutzt.

Der Küster nahm ihn also ins Haus und er musste die Glocke läuten. Nach ein paar Tagen weckte er ihn um Mitternacht, hieß ihn aufstehen, in den Kirchturm steigen und läuten.

Du sollst schon lernen, was Gruseln ist, dachte er, ging heimlich voraus, und als der Junge oben war und sich umdrehte und das Glockenseil fassen wollte, so sah er auf der Treppe eine weiße Gestalt stehen.

»Wer da?«, rief er, aber die Gestalt gab keine Antwort, regte und bewegte sich nicht. »Gib Antwort«, rief der Junge, »oder mach, dass du fortkommst, du hast hier in der Nacht nichts zu schaffen.«

Der Küster aber blieb unbeweglich stehen, damit der Junge glauben sollte, es wäre ein Gespenst.

Der Junge rief zum zweiten Mal: »Was willst du hier? Sprich, wenn du ein ehrlicher Kerl bist, oder ich werfe dich die Treppe hinab!«

Der Küster dachte: Das wird so schlimm nicht gemeint sein, gab keinen Laut von sich und stand, als wenn er von Stein wäre.

Da rief ihn der Junge zum dritten Male an, und als das auch vergeblich war, nahm er einen Anlauf und stieß das Gespenst die Treppe hinab, dass es in einer Ecke liegen blieb. Darauf läutete er die Glocke, ging heim, legte sich ins Bett und schlief fort.

Die Küsterfrau wartete lange Zeit auf ihren Mann, aber er wollte nicht wiederkommen. Da ward ihr endlich angst, sie weckte den Jungen und fragte: »Weißt du nicht, wo mein Mann geblieben ist? Er ist vor dir auf den Turm gestiegen.«

»Nein«, antwortete der Junge, »aber da hat einer auf der Treppe gestanden, und weil er keine Antwort geben und auch nicht weggehen wollte, so habe ich ihn für einen Spitzbuben gehalten und hinuntergestoßen. Geht nur hin, so werdet Ihr sehen, ob er's gewesen ist, es sollte mir leidtun.«

Die Frau sprang fort und fand ihren Mann, der in einer Ecke lag und ein Bein gebrochen hatte. Sie trug ihn herab und eilte dann mit lautem Geschrei zu dem Vater des Jungen. »Euer Junge«, rief sie, »hat ein großes Unglück angerichtet, meinen Mann hat er die Treppe hinabgeworfen, dass er ein Bein gebrochen hat; schafft den Taugenichts aus unserm Hause.«

Der Vater erschrak, kam herbeigelaufen und schalt den Jungen aus. »Was sind das für gottlose Streiche, die muss dir der Böse eingegeben haben.«

»Vater«, antwortete er, »hört nur an, ich bin ganz unschuldig; er stand da in der Nacht wie einer, der Böses im Sinne hat. Ich wusste nicht, wer's war, und habe ihn dreimal ermahnt zu reden oder wegzugehen.«

»Ach«, sprach der Vater, »mit dir erleb ich nur Unglück, geh mir aus den Augen, ich will dich nicht mehr ansehen.«

»Ja, Vater, recht gerne, wartet nur, bis Tag ist, da will ich ausgehen und das Gruseln lernen, so versteh ich doch eine Kunst, die mich ernähren kann.«

»Lerne, was du willst«, sprach der Vater, »mir ist alles einerlei. Da hast du fünfzig Taler, damit geh in die weite Welt, und sage keinem Menschen, wo du her bist und wer dein Vater ist; denn ich muss mich deiner schämen.«

»Ja, Vater, wie Ihr's haben wollt, wenn Ihr nicht mehr verlangt, das kann ich leicht in Acht behalten.«

Als nun der Tag anbrach, steckte der Junge seine fünfzig Taler in die Tasche, ging hinaus auf die große Landstraße und sprach immer vor sich hin: »Wenn mir's nur gruselte! Wenn mir's nur gruselte!«

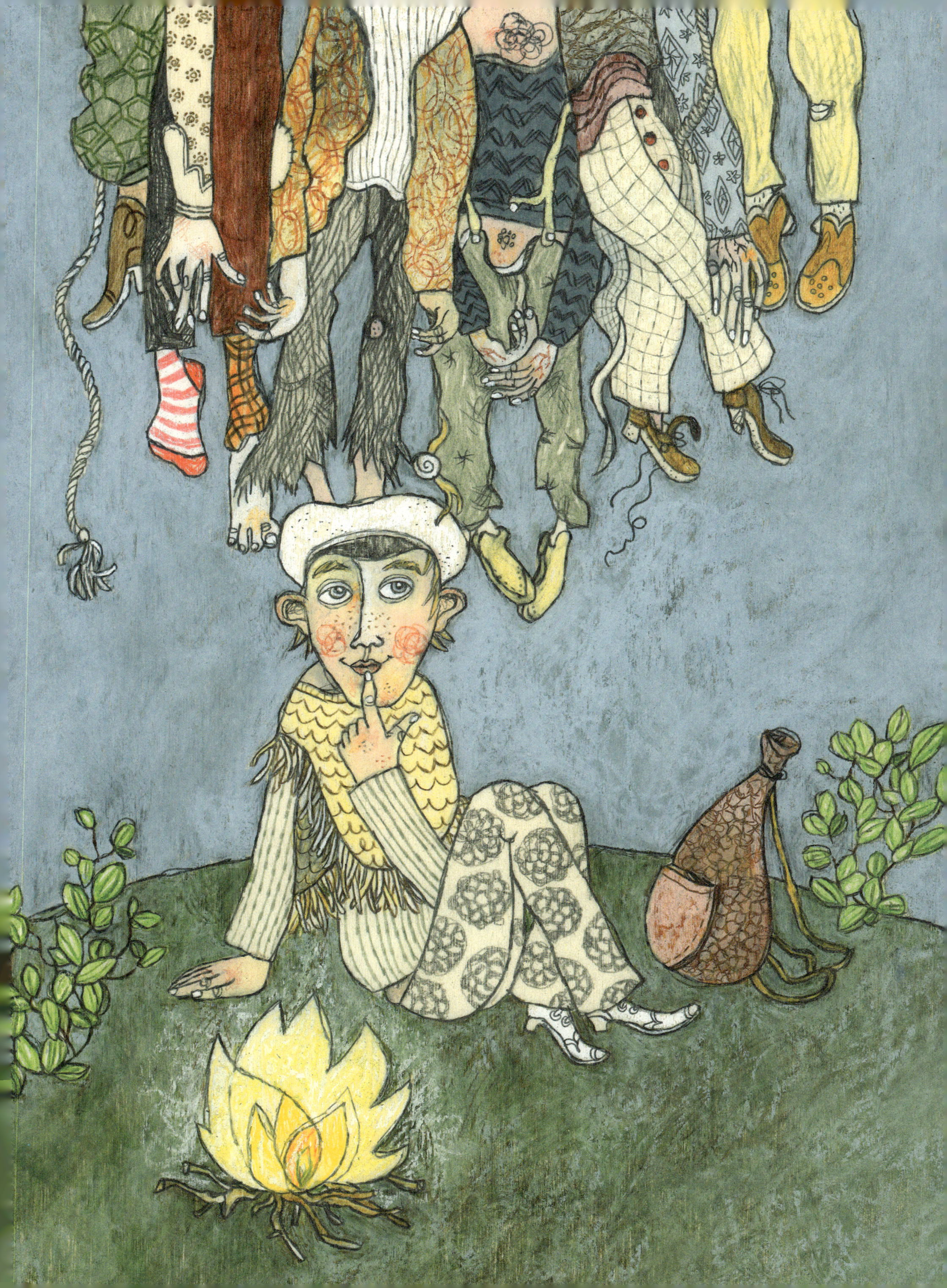

Da kam ein Mann heran, der hörte, was der Junge sprach, und als sie ein Stück weiter waren, dass man den Galgen sehen konnte, sagte der Mann zu ihm: »Siehst du, dort ist der Baum, wo siebene mit des Seilers Tochter Hochzeit gehalten haben und jetzt das Fliegen lernen. Setz dich darunter und warte, bis die Nacht kommt, so wirst du schon das Gruseln lernen.«

»Wenn weiter nichts dazugehört«, antwortete der Junge, »das ist leicht getan: Lerne ich aber so geschwind das Gruseln, so sollst du meine fünfzig Taler haben, komm nur morgen früh wieder zu mir.«

Da ging der Junge zu dem Galgen, setzte sich darunter und wartete, bis der Abend kam. Und weil ihn fror, machte er sich ein Feuer an, aber um Mitternacht ging der Wind so kalt, dass er trotz des Feuers nicht warm werden wollte. Und als der Wind die Gehenkten gegeneinanderstieß, dass sie sich hin und her bewegten, so dachte er: Du frierst unten beim Feuer, was mögen die da oben erst frieren und zappeln!

Und weil er mitleidig war, legte er die Leiter an, stieg hinauf, knüpfte einen nach dem andern los und holte sie alle siebene herab. Darauf schürte er das Feuer, blies es an und setzte sie ringsherum, dass sie sich wärmen sollten. Aber sie saßen da und regten sich nicht und das Feuer ergriff ihre Kleider.

Da sprach er: »Nehmt euch in Acht, sonst häng ich euch wieder hinauf.«

Die Toten aber hörten nicht, schwiegen und ließen ihre Lumpen fortbrennen.

Da ward er bös und sprach: »Wenn ihr nicht achtgeben wollt, so kann ich euch nicht helfen, ich will nicht mit euch verbrennen«, und hängte sie nach der Reihe wieder hinauf.

Nun setzte er sich zu seinem Feuer und schlief ein, und am andern Morgen, da kam der Mann zu ihm, wollte die fünfzig Taler haben und sprach: »Nun, weißt du, was Gruseln ist?«

»Nein«, antwortete er, »woher sollte ich's wissen? Die da droben haben das Maul nicht aufgetan und waren so dumm, dass sie die paar alten Lappen, die sie am Leibe haben, brennen ließen.«

Da sah der Mann, dass er die fünfzig Taler heute nicht davontragen würde, ging fort und sprach: »So einer ist mir noch nicht vorgekommen.«

Der Junge ging auch seines Weges und fing wieder an, vor sich hin zu reden: »Ach, wenn mir's nur gruselte! Ach, wenn mir's nur gruselte!«

Das hörte ein Fuhrmann, der hinter ihm herschritt, und fragte: »Wer bist du?«

»Ich weiß nicht«, antwortete der Junge.

Der Fuhrmann fragte weiter: »Wo bist du her?«

»Ich weiß nicht.«

»Wer ist dein Vater?«

»Das darf ich nicht sagen.«

»Was brummst du beständig in den Bart hinein?«

»Ei«, antwortete der Junge, »ich wollte, dass mir's gruselte, aber niemand kann mich's lehren.«

»Lass dein dummes Geschwätz«, sprach der Fuhrmann, »komm, geh mit mir, ich will sehen, dass ich dich unterbringe.«

Der Junge ging mit dem Fuhrmann, und abends gelangten sie zu einem Wirtshaus, wo sie übernachten wollten. Da sprach er beim Eintritt in die Stube wieder ganz laut: »Wenn mir's nur gruselte! Wenn mir's nur gruselte!«

Der Wirt, der das hörte, lachte und sprach: »Wenn dich danach lüstet, dazu sollte hier wohl Gelegenheit sein.«

»Ach, schweig stille«, sprach die Wirtsfrau, »so mancher Vorwitzige hat schon sein Leben eingebüßt, schade um die schönen Augen, wenn die das Tageslicht nicht wieder sehen sollten.«

Der Junge aber sagte: »Wenn's noch so schwer wäre, ich will's einmal lernen.«

Er ließ dem Wirt auch keine Ruhe, bis dieser erzählte, nicht weit davon stünde ein verwünschtes Schloss, wo einer wohl lernen könnte, was Gruseln wäre, wenn er nur drei Nächte darin wachen wollte. Der König hätte dem, der's wagen wollte, seine Tochter zur Frau versprochen, und die wäre die schönste Jungfrau, welche die Sonne beschien. In dem Schlosse steckten auch große Schätze, von bösen Geistern bewacht, die würden dann frei und könnten einen Armen reich genug machen.

Da ging der Junge am andern Morgen vor den König und sprach: »Wenn's erlaubt wäre, so wollte ich wohl drei Nächte in dem verwünschten Schlosse wachen.«

Der König sah ihn an, und weil er ihm gefiel, sprach er: »Du darfst dir noch dreierlei ausbitten, aber es müssen leblose Dinge sein, und die darfst du mit ins Schloss nehmen.«

Da antwortete er: »So bitt' ich um ein Feuer, eine Drehbank und eine Schnitzbank mit dem Messer.«

Der König ließ ihm das alles bei Tage in das Schloss tragen. Als es Nacht werden wollte, ging der Junge hinauf, machte sich in einer Kammer ein helles Feuer an, stellte die Schnitzbank mit dem Messer daneben und setzte sich auf die Drehbank.

»Ach, wenn mir's nur gruselte!«, sprach er. »Aber hier werde ich's auch nicht lernen.«

Gegen Mitternacht wollte er sich sein Feuer einmal aufschüren; wie er so hineinblies, da schrie's plötzlich aus einer Ecke: »Au, miau! Was uns friert!«

»Ihr Narren«, rief er, »was schreit ihr? Wenn euch friert, kommt, setzt euch ans Feuer und wärmt euch.«

Und wie er das gesagt hatte, kamen zwei große schwarze Katzen in einem gewaltigen Sprunge herbei, setzten sich ihm zu beiden Seiten und sahen ihn mit ihren feurigen Augen ganz wild an.

Nach einem Weilchen, als sie sich gewärmt hatten, sprachen sie: »Kamerad, wollen wir eins in der Karte spielen?«

»Warum nicht?«, antwortete er. »Aber zeigt einmal eure Pfoten her!«

Da streckten sie die Krallen aus.

»Ei«, sagte er, »was habt ihr lange Nägel! Wartet, die muss ich euch erst abschneiden.«

Damit packte er sie beim Kragen, hob sie auf die Schnitzbank und schraubte ihnen die Pfoten fest. »Euch habe ich auf die Finger gesehen«, sprach er, »da vergeht mir die Lust zum Kartenspiel«, schlug sie tot und warf sie hinaus ins Wasser.

Als er aber die zwei zur Ruhe gebracht hatte, da kamen aus allen Ecken und Enden schwarze Katzen und schwarze Hunde an glühenden Ketten, immer mehr und mehr, dass er sich nicht mehr bergen konnte. Die schrien greulich, traten ihm auf sein Feuer, zerrten es auseinander und wollten es ausmachen.

Das sah er ein Weilchen ruhig mit an, als es ihm aber zu arg ward, fasste er sein Schnitzmesser und rief: »Fort mit dir, du Gesindel!«, und haute auf sie los. Ein Teil sprang weg, die andern schlug er tot und warf sie hinaus in den Teich.

Als er wiedergekommen war, blies er aus den Funken sein Feuer frisch an und wärmte sich. Und als er so saß, wollten ihm die Augen nicht länger offen bleiben und er bekam Lust zu schlafen. Da blickte er um sich und sah in der Ecke ein großes Bett.

»Das ist mir eben recht«, sprach er und legte sich hinein.

Als er aber die Augen zutun wollte, so fing das Bett von selbst an zu fahren und fuhr im ganzen Schloss herum.

»Recht so«, sprach er, »nur besser zu.«

Da rollte das Bett fort, als wären sechs Pferde vorgespannt, über Schwellen und Treppen auf und ab. Auf einmal, hopp, hopp, fiel es um, das Unterste zuoberst, dass es wie ein Berg auf ihm lag. Aber er schleuderte Decken und Kissen in die Höhe, stieg heraus und sagte: »Nun mag fahren, wer Lust hat«, legte sich an sein Feuer und schlief, bis es Tag war.

Am Morgen kam der König, und als er ihn da auf der Erde liegen sah, meinte er, er wäre tot. Da sprach er: »Es ist doch schade um den schönen Menschen.«

Das hörte der Junge, richtete sich auf und sprach: »So weit ist's noch nicht!«

Da wunderte sich der König, freute sich aber und fragte, wie es ihm gegangen wäre.

»Recht gut«, antwortete er, »eine Nacht wäre herum, die zwei andern werden auch herumgehen.«

Als er zum Wirt kam, da machte der große Augen. »Ich dachte nicht«, sprach er, »dass ich dich wieder lebendig sehen würde; hast du nun gelernt, was Gruseln ist?«

»Nein«, sagte er, »es ist alles vergeblich, wenn mir's nur einer sagen könnte!«

Die zweite Nacht ging er abermals hinauf ins alte Schloss, setzte sich zum Feuer und fing sein altes Lied wieder an: »Wenn mir's nur gruselte!«

Wie Mitternacht herankam, ließ sich ein Lärm und Gepolter hören, erst sachte, dann immer stärker, dann war's ein bisschen still, endlich kam mit lautem Geschrei ein halber Mensch den Schornstein herab und fiel vor ihn hin.

»Heda!«, rief er. »Noch ein halber gehört dazu, das ist zu wenig.«

Da ging der Lärm von Frischem an, es tobte und heulte, und da fiel die andere Hälfte auch herab.

»Wart«, sprach er, »ich will dir erst das Feuer ein wenig anblasen.«

Wie er das getan hatte und sich wieder umsah, da waren die beiden Stücke zusammengefahren und da saß ein greulicher Mann auf seinem Platz.

»So haben wir nicht gewettet«, sprach der Junge, »die Bank ist mein.«

Der Mann wollte ihn wegdrängen, aber der Junge ließ sich's nicht gefallen, schob ihn mit Gewalt weg und setzte sich wieder auf seinen Platz. Da fielen noch mehr Männer herab, einer nach dem andern, die holten neun Totenbeine und zwei Totenköpfe, setzten auf und spielten Kegel.

Der Junge bekam auch Lust und fragte: »Hört ihr, kann ich mittun?«

»Ja, wenn du Geld hast.«

»Geld genug«, antwortete er, »aber eure Kugeln sind nicht recht rund.«

Da nahm er die Totenköpfe, setzte sie in die Drehbank und drehte sie rund. »So, jetzt werden sie besser schüppeln«, sprach er, »heida, nun geht's lustig!«

Er spielte mit und verlor etwas von seinem Geld, als es aber zwölf Uhr schlug, war alles vor seinen Augen verschwunden. Er legte sich nieder und schlief ruhig ein.

Am andern Morgen kam der König und wollte sich erkundigen. »Wie ist dir's diesmal gegangen?«, fragte er.

»Ich habe gekegelt«, antwortete er, »und ein paar Heller verloren.«

»Hat dir denn nicht gegruselt?«

»Ei was«, sprach er, »lustig hab ich mich gemacht. Wenn ich nur wüsste, was Gruseln wäre!«

In der dritten Nacht setzte er sich wieder auf seine Bank und sprach ganz verdrießlich: »Wenn es mir nur gruselte!«

Als es spät ward, kamen sechs große Männer und brachten eine Totenlade hereingetragen.

Da sprach er: »Ha, ha, das ist gewiss mein Vetterchen, das erst vor ein paar Tagen gestorben ist«, winkte mit dem Finger und rief: »Komm, Vetterchen, komm!«

Sie stellten den Sarg auf die Erde, er aber ging hinzu und nahm den Deckel ab, da lag ein toter Mann darin. Er fühlte ihm ans Gesicht, aber es war kalt wie Eis.

»Wart«, sprach er, »ich will dich ein bisschen wärmen«, ging ans Feuer, wärmte seine Hand und legte sie ihm aufs Gesicht, aber der Tote blieb kalt. Nun nahm er ihn heraus, setzte ihn ans Feuer und rieb ihm die Arme, damit das Blut wieder in Bewegung kommen sollte. Als auch das nichts helfen wollte, fiel ihm ein: Wenn zwei zusammen im Bett liegen, so wärmen sie sich, brachte ihn ins Bett, deckte ihn zu und legte sich neben ihn. Nach einem Weilchen ward auch der Tote warm und fing an, sich zu regen.

Da sprach der Junge: »Siehst du, Vetterchen, hätt' ich dich nicht gewärmt!«

Der Tote aber hub an zu sprechen: »Jetzt will ich dich erwürgen.«

»Was?«, sagte er. »Ist das der Dank? Gleich sollst du wieder in deinen Sarg«, hob ihn auf, warf ihn hinein und machte den Deckel zu; da kamen die sechs Männer und trugen ihn wieder fort.

»Es will mir nicht gruseln«, sagte er, »hier lerne ich's mein Lebtag nicht.«

Da trat ein Mann herein, der war größer als alle anderen und sah fürchterlich aus; er war aber alt und hatte einen langen weißen Bart. »Oh, du Wicht«, rief er, »nun sollst du bald lernen, was Gruseln ist; denn du sollst sterben.«

»Nicht so schnell«, antwortete der Junge, »soll ich sterben, so muss ich auch dabei sein.«

»Dich will ich schon packen«, sprach der Unhold.

»Sachte, sachte, mach dich nicht so breit; so stark wie du bin ich auch.«

»Das wollen wir sehn«, sprach der Alte, »bist du stärker als ich, so will ich dich gehen lassen; komm, wir wollen's versuchen.«

Da führte er ihn durch dunkle Gänge zu einem Schmiedefeuer, nahm eine Axt und schlug den einen Amboss mit einem Schlag in die Erde.

»Das kann ich noch besser«, sprach der Junge und ging zu dem andern Amboss.

Der Alte stellte sich nebenhin und wollte zusehen, und sein weißer Bart hing herab. Da fasste der Junge die Axt, spaltete den Amboss auf einen Hieb und klemmte den Bart des Alten mit hinein.

»Nun hab ich dich«, sprach der Junge, »jetzt ist das Sterben an dir.«

Dann fasste er eine Eisenstange und schlug auf den Alten los, bis er wimmerte und bat, er möchte aufhören, er wollte ihm große Reichtümer geben.

Der Junge zog die Axt raus und ließ ihn los.

Der Alte führte ihn wieder ins Schloss zurück und zeigte ihm in einem Keller drei Kasten voll Gold. »Davon«, sprach er, »ist ein Teil den Armen, der andere dem König, der dritte dein.«

Indem schlug es zwölfe und der Geist verschwand.

Am andern Morgen kam der König und sagte: »Nun wirst du gelernt haben, was Gruseln ist!«

»Nein«, antwortete er, »was ist's nur? Mein toter Vetter war da, und ein bärtiger Mann ist gekommen, der hat mir da unten viel Geld gezeigt, aber was Gruseln ist, hat mir keiner gesagt.«

Da sprach der König: »Du hast das Schloss erlöst und sollst meine Tochter heiraten.«

Da ward das Gold heraufgebracht und die Hochzeit gefeiert, aber der junge König, so lieb er seine Gemahlin hatte und so vergnügt er war, sagte doch immer: »Wenn mir nur gruselte, wenn mir nur gruselte!«

Das verdross sie endlich. Ihr Kammermädchen sprach: »Ich will Hilfe schaffen, das Gruseln soll er schon lernen.«

Sie ging hinaus zum Bach, der durch den Garten floss, und ließ sich einen ganzen Eimer voll Gründlinge holen. Nachts, als der junge König schlief, musste seine Gemahlin ihm die Decke wegziehen und den Eimer voll kaltem Wasser mit den Gründlingen über ihn herschütten, dass die kleinen Fische um ihn herum zappelten.

Da wachte er auf und rief: »Ach, was gruselt mir, was gruselt mir, liebe Frau! Ja, nun weiß ich, was Gruseln ist.«

Ludwig Bechstein

Der beherzte Flötenspieler

Es war einmal ein lustiger Musikant, der die Flöte meisterhaft spielte; er reiste daher in der Welt herum, spielte auf seiner Flöte in Dörfern und in Städten und erwarb sich dadurch seinen Unterhalt.

So kam er auch eines Abends auf einen Pächtershof und übernachtete da, weil er das nächste Dorf vor einbrechender Nacht nicht erreichen konnte. Er wurde von dem Pächter freundlich aufgenommen, musste mit ihm speisen und nach geendigter Mahlzeit einige Stücklein auf seiner Flöte vorspielen. Als dieses der Musikant getan hatte, schaute er zum Fenster hinaus und gewahrte in kurzer Entfernung bei dem Scheine des Mondes eine alte Burg, die teilweise in Trümmern zu liegen schien.

»Was ist das für ein altes Schloss?«, fragte er den Pächter. »Und wem hat es gehört?«

Der Pächter erzählte, dass vor vielen, vielen Jahren ein Graf da gewohnt hätte, der sehr reich, aber auch sehr geizig gewesen wäre. Er hätte seine Untertanen sehr geplagt, keinem armen Menschen ein Almosen gegeben und sei endlich ohne Erben (weil er aus Geiz sich nicht einmal verheiratet habe) gestorben. Darauf hätten seine nächsten Anverwandten die Erbschaft in Besitz nehmen wollen, hätten aber nicht das geringste Geld gefunden. Man behaupte daher, er müsse den Schatz vergraben haben, und dieser möge heute noch in dem alten Schloss verborgen liegen. Schon viele Menschen wären des Schatzes wegen in die alte Burg gegangen, aber keiner wäre wieder zum Vorschein gekommen. Daher habe die Obrigkeit den Eintritt in dies' alte Schloss untersagt und alle Menschen im ganzen Lande ernstlich davor gewarnt.

Der Musikant hatte aufmerksam zugehört, und als der Pächter seinen Bericht geendigt hatte, äußerte er, dass er großes Verlangen habe, auch

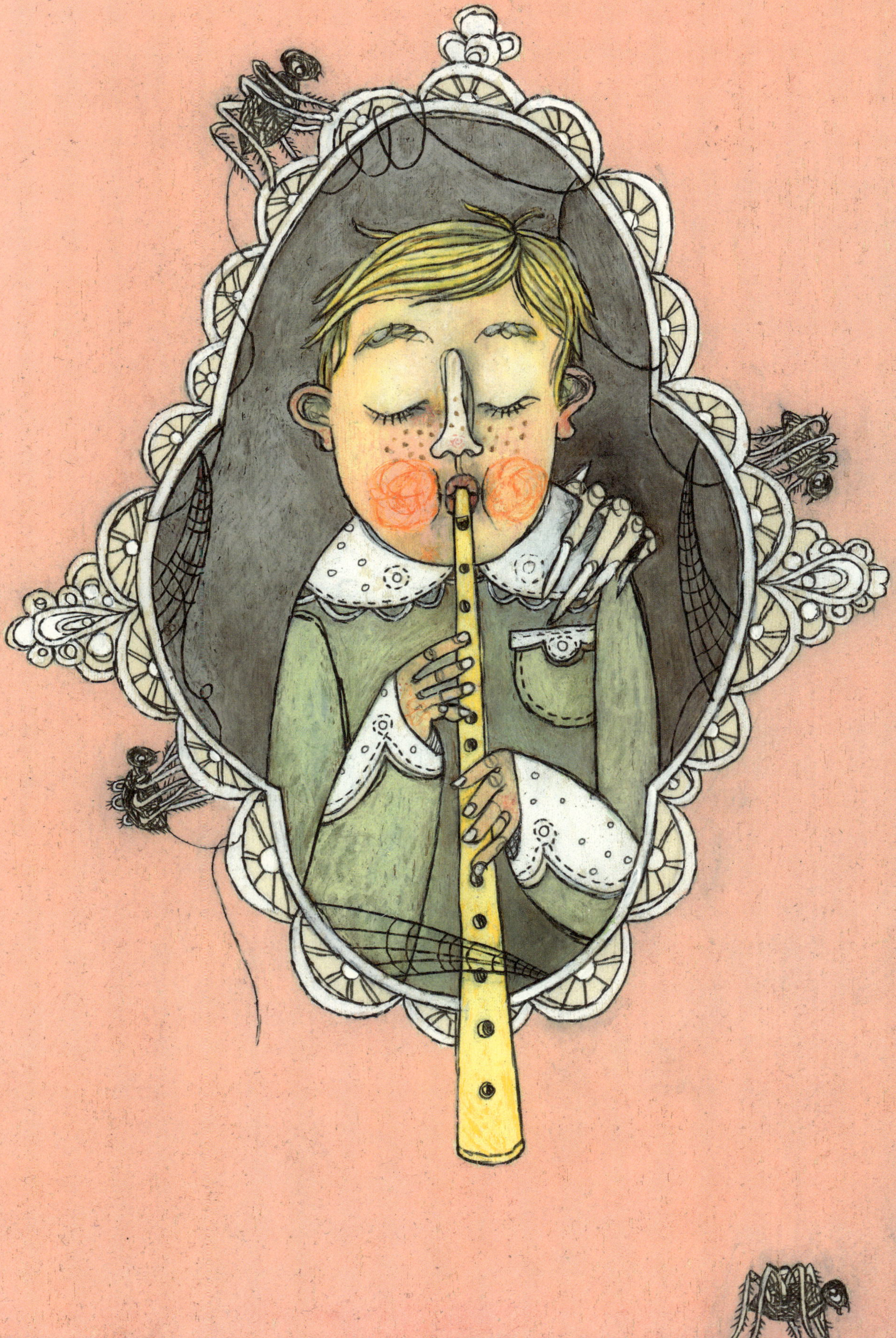

einmal hineinzugehen, denn er sei beherzt und kenne keine Furcht. Der Pächter bat ihn aufs Dringendste und endlich schier fußfällig, doch ja sein junges Leben zu schonen und nicht in das Schloss zu gehen. Aber es half kein Bitten und Flehen, der Musikant war unerschütterlich.

Zwei Knechte des Pächters mussten ein Paar Laternen anzünden und den beherzten Musikanten bis an das alte schaurige Schloss begleiten. Dann schickte er sie mit einer Laterne wieder zurück, er aber nahm die zweite in die Hand und stieg mutig eine hohe Treppe hinan.

Als er diese erstiegen hatte, kam er in einen großen Saal, um den ringsherum Türen waren. Er öffnete die erste und ging hinein, setzte sich an einen darin befindlichen altväterischen Tisch, stellte sein Licht darauf und spielte die Flöte.

Der Pächter aber konnte die ganze Nacht vor lauter Sorgen nicht schlafen und sah öfters zum Fenster hinaus.

Er freute sich jedes Mal unaussprechlich, wenn er drüben den Gast noch musizieren hörte.

Doch als seine Wanduhr elf schlug und das Flötenspiel verstummte, erschrak er heftig und glaubte nun nicht anders, als der Geist oder der Teufel, oder wer sonst in diesem Schlosse hauste, habe dem schönen Burschen nun ganz gewiss den Hals umgedreht.

Doch der Musikant hatte ohne Furcht sein Flötenspiel abgewartet und gepflegt; als aber sich endlich Hunger bei ihm regte, weil er nicht viel bei dem Pächter gegessen hatte, so ging er in dem Zimmer auf und nieder und sah sich um. Da erblickte er einen Topf voll ungekochter Linsen, auf einem andern Tische standen ein Gefäß voll Wasser, eines voll Salz und eine Flasche Wein.

Er goss geschwind Wasser über die Linsen, tat Salz daran, machte Feuer in dem Ofen an, weil auch Holz dabeilag, und kochte sich eine Linsensuppe. Während die Linsen kochten, trank er die Flasche Wein leer, und dann spielte er wieder Flöte. Als die Linsen gekocht waren, rückte er sie vom

Feuer, schüttete sie in die auf dem Tische schon bereitstehende Schüssel und aß frisch darauflos.

Jetzt sah er nach seiner Uhr, und es war um die zwölfte Stunde. Da ging plötzlich die Türe auf, zwei lange schwarze Männer traten herein und trugen eine Totenbahre, auf der ein Sarg stand. Diesen stellten sie, ohne ein Wort zu sagen, vor den Musikanten, der sich keineswegs im Essen stören ließ, und gingen ebenso lautlos, wie sie gekommen waren, wieder zur Türe hinaus.

Als sie sich nun entfernt hatten, stand der Musikant hastig auf und öffnete den Sarg. Ein altes Männchen, klein und verhutzelt, mit grauen Haaren und grauem Barte, lag darinnen, aber der Bursche fürchtete sich nicht, nahm es heraus, setzte es an den Ofen, und kaum schien es erwärmt zu sein, als sich schon Leben in ihm regte. Er gab ihm hierauf Linsen zu essen und war ganz mit dem Männchen beschäftigt, ja, fütterte es wie eine Mutter ihr Kind.

Da wurde das Männchen ganz lebhaft und sprach zu ihm: »Folge mir!«

Das Männchen ging voraus, der Bursche aber nahm seine Laterne und folgte ihm sonder Zagen. Es führte ihn nun eine hohe, verfallene Treppe hinab, und so gelangten endlich beide in ein tiefes, schauerliches Gewölbe.

Hier lag ein großer Haufen Geld.

Da gebot das Männchen dem Burschen: »Diesen Haufen teile mir in zwei ganz gleiche Teile, aber dass nichts übrig bleibt, sonst bringe ich dich ums Leben!«

Der Bursche lächelte bloß, fing sogleich an zu zählen auf zwei große Tische herüber und hinüber und brachte so das Geld in kurzer Zeit in zwei gleiche Teile, doch zuletzt – war noch ein Kreuzer übrig. Der Musikant besann sich kurz, nahm sein Taschenmesser heraus, setzte es auf den Kreuzer mit der Schneide und schlug ihn mit einem dabeiliegenden Hammer entzwei.

Als er nun die eine Hälfte auf diesen, die andere auf jenen Haufen warf, wurde das Männchen ganz heiter und sprach: »Du himmlischer Mann, du hast mich erlöst! Schon hundert Jahre muss ich meinen Schatz bewachen, den ich aus Geiz zusammengescharrt habe, bis es einem gelingen würde, das Geld in zwei gleiche Teile zu teilen. Noch nie ist es einem gelungen, und ich habe sie alle erwürgen müssen. Der eine Haufen Geld ist nun dein, den andern aber teile unter die Armen. Göttlicher Mensch, du hast mich erlöst!« Darauf verschwand das Männchen.

Der Bursche aber stieg die Treppe hinan und spielte in seinem vorigen Zimmer lustige Stücklein auf seiner Flöte.

Da freute sich der Pächter, dass er ihn wieder spielen hörte, und mit dem frühesten Morgen ging er auf das Schloss (denn am Tage durfte jedermann hinein) und empfing den Burschen voller Freude. Dieser erzählte ihm die Geschichte, dann ging er hinunter zu seinem Schatz, tat, wie ihm das Männchen befohlen hatte, und verteilte die eine Hälfte unter die Armen.

Das alte Schloss aber ließ er niederreißen, und bald stand an der vorigen Stelle ein neues, wo nun der Musikant als reicher Mann wohnte.

Heinz Janisch

Der blaue Hai

»Flossen hoch!«, rief der rote Feuerfisch. »Und dann kräftig rudern. Macht euch aus dem Staub! Er kommt!«

»Staub ist gut«, sagte der kleine Grünzacken. »Hat hier irgendjemand schon mal Staub gesehen?«

Die anderen Fische – kleine und große Grünzacken, Gelbschwänze und Schwarzpunkte – glitten still durchs Wasser.

»Der Kleine hat schon recht – was soll die ganze Aufregung!«, sagte schließlich einer der langen, eleganten Gelbschwänze.

»Er kommt! Er kommt! Er kommt – wo man auch hinkommt, hört man nichts anderes als dieses aufgeregte Geschrei. Und wie sie alle herumzappeln! Als wäre das Ende der Welt gekommen!«

»Nicht das Ende der Welt!«, brummte ein alter, schwerer Schwarzpunkt. »Unser Ende! Das Ende der Fische, die hier in diesem Teil des Meeres leben. Der Rest der Welt wird gar nicht merken, dass es uns nicht mehr gibt!«

»Warum sollte es uns nicht mehr geben?«, rief der kleine Grünzacken aufgeregt. »Nur weil ein einziger blauer Hai hierherkommt?«

»Nur?«, fuhr ihn der alte Schwarzpunkt an. »Hast du *nur* gesagt?«

Er kam dem kleinen Grünzacken bedrohlich näher.

»Nur ein Grünschnabel wie du weiß nicht, was das bedeutet, wenn der blaue Hai hierherkommt«, sagte er gefährlich leise.

»Ich habe unzählige Fischfamilien verschwinden sehen. Und zwar nicht irgendwo. Sondern im Maul eines blauen Hais!«

Er schnappte zornig nach dem kleinen Grünzacken, der sich erschrocken hinter den Flossen seiner Mutter versteckte.

»Was soll das? Du erschreckst hier die Kinder und uns dazu!«, sagte die Mutter des kleinen Grünzacken. »Sollen wir uns alle zu Tode fürchten?«

»Ja«, brummte der alte Schwarzpunkt. »Vielleicht sollten wir das.«

Er verscheuchte eine kleine Wasserschildkröte, die seinen Weg kreuzte.

»Ich habe gesehen, wie der blaue Hai ein ganzes Schiff verschluckte«, sagte er mit dramatischer Stimme. »Ich habe gesehen, wie er das riesige Boot verspeiste, als wäre es eine Seegurke!«

»Jetzt reicht's aber!«, rief einer der Grünzacken. »Wir haben schon verstanden, dass sich der blaue Hai einen guten Happen nicht entgehen lässt! Aber wer sagt, dass er gerade auf uns Appetit hat?«

»Der blaue Hai frisst alles, was ihm in den Weg kommt«, sagte der alte Schwarzpunkt düster.

Sie schwammen weiter und versuchten, nahe beim Meeresgrund zu bleiben, bei den Algen und Gräsern, bei den Felsen und Höhlen, um sich rasch verstecken zu können.

»Hallo Leute!«, rief ein riesiger Buntfisch, der plötzlich aus einer Höhle kam. Der kleine Grünzacken wäre beinahe ohnmächtig geworden vor Schreck. Alle redeten und schimpften zugleich los.

»Weißt du nicht, was hier los ist?«, fuhr einer der Gelbschwänze den Buntfisch an.

»Der blaue Hai kommt! Wie kannst du uns da so erschrecken?«

»Was? Rudi kommt?«, fragte der Buntfisch erfreut. »Das ist aber eine Überraschung. Hat er meinen Geburtstag doch nicht vergessen!«

»Was redest du da für wirres Zeug?«, fragte ein Schwertfisch, der sich gerade von einem Grünzacken sein Schwert putzen ließ. »Weißt du nicht, dass der blaue Hai so ziemlich das Gefährlichste ist, das man im Wasser treffen kann?«

»Schon möglich«, sagte der Buntfisch unbekümmert. »Aber Rudi doch nicht. Wir sind alte Kumpel. Waren in der gleichen Schulklasse. Wir waren beim Wettschwimmen unschlagbar. Ein starkes Duo! Leider ist Rudi dann mit seiner Familie weggezogen!«

»Schwachsinn!«, rief der alte Schwarzpunkt wütend. »Blaue Haie sind unsere Feinde. Wie kannst du mit einem blauen Hai in einer Klasse gewesen sein?«

»Noch nie etwas von einem Austauschprogramm gehört?«, fragte der Buntfisch erstaunt. »Ein paar von uns waren in der Haifisch-Klasse. Hat ihnen gut gefallen!«

»Ich versteh die Welt nicht mehr«, brummte der alte Schwarzpunkt und verschwand hinter einem Felsen.

»Wann hast du denn Geburtstag?«, fragte der kleine Grünzacken und schwamm auf den Buntfisch zu.

»Na heute!«, rief der Buntfisch.

»Alles Gute, Kumpel!«, sagte da eine tiefe Stimme.

Genau über dem Buntfisch und dem kleinen Grünzacken leuchtete etwas Blaues auf.

»Hallo, Rudi!«, rief der Buntfisch. »Schön, dich zu sehen!«

Die anderen Fische waren plötzlich verschwunden. Nur der kleine Grünzacken schaute den blauen Hai neugierig an.

»Tolle Zähne«, sagte er.

»Na ja. Geht so«, sagte der blaue Hai verlegen. »Ich müsste mal wieder zum Zahnarzt. Aber wer geht da schon gern hin ...«

»Ich nicht«, sagte der kleine Grünzacken und zeigte seine Zahnlücke.

»Ich hab ... Besuch von Freunden«, sagte der Buntfisch und sah sich suchend um. »Die wollen dich alle gern kennenlernen und mit mir und dir meinen Geburtstag feiern!«

»So ist es!«, rief der schmale, elegante Gelbschwanz und kam aus einer Höhle.

Er hielt eine blühende Blume im Maul.

»Kleines Geburtstagsgeschenk«, sagte er und brachte sie dem Buntfisch.

»Das wäre aber nicht nötig gewesen«, sagte der Buntfisch, der plötzlich von allen Seiten kleine Geschenke bekam. Aus allen Höhlen und Felsnischen schwammen die Grünzacken und Gelbschwänze und Schwarzpunkte heraus und legten etwas vor ihm in den Sand.

»Das ist für dich«, sagte der Schwertfisch und zauberte ein kleines selbst gebasteltes Muschelschwert hervor.

»Und das ist von mir«, sagte der blaue Hai und ließ glitzernden Silberstaub auf den Buntfisch herabregnen ...

»Da hast du deinen Staub«, flüsterte der kleine Grünzacken dem roten Feuerfisch ins Ohr und schwamm mitten ins Glitzern hinein.

»Der Kerl kann mehr als Äpfel braten!«

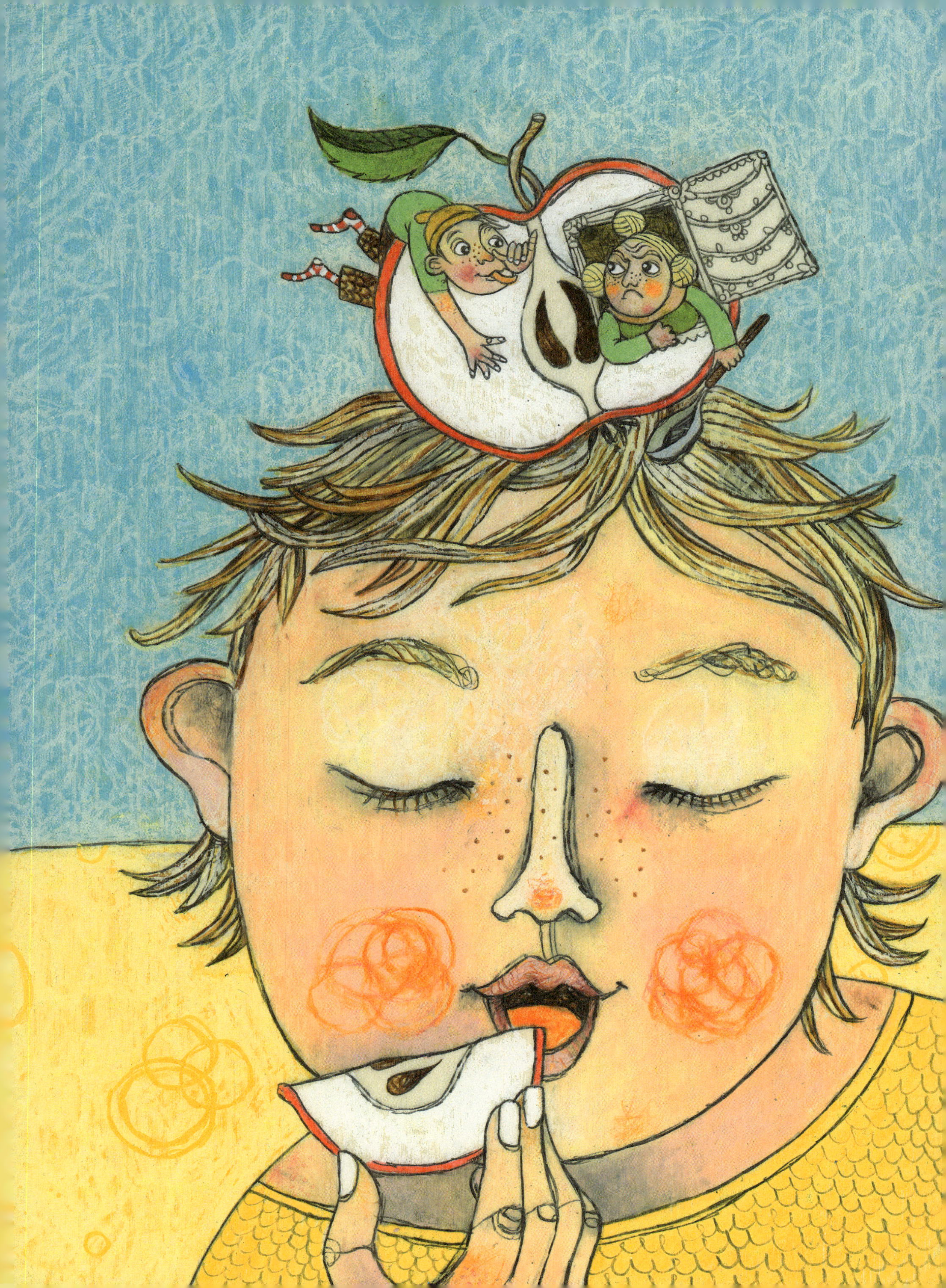

Brüder Grimm

Der Riese und der Schneider

Einem Schneider, der ein großer Prahler war, aber ein schlechter Zahler, kam es in den Sinn, ein wenig auszugehen und sich in der Welt umzuschauen. Sobald er nur konnte, verließ er seine Werkstatt, wanderte seinen Weg über Brücke und Steg, bald da, bald dort, immer fort und fort.

Als er nun draußen war, erblickte er in der blauen Ferne einen steilen Berg und dahinter einen himmelhohen Turm, der aus einem wilden und finstern Wald hervorragte.

»Potz Blitz!«, rief der Schneider. »Was ist das?«

Und weil ihn die Neugierde gewaltig stach, so ging er frisch darauflos. Was sperrte er aber Maul und Augen auf, als er in die Nähe kam, denn der Turm hatte Beine, sprang in einem Satz über den steilen Berg und stand als ein großmächtiger Riese vor dem Schneider.

»Was willst du hier, du winziges Fliegenbein?«, rief der mit einer Stimme, als wenn's von allen Seiten donnerte.

Der Schneider wisperte: »Ich will mich umschauen, ob ich mein Stückchen Brot in dem Wald verdienen kann.«

»Wenn's um die Zeit ist«, sagte der Riese, »so kannst du ja bei mir in den Dienst eintreten.«

»Wenn's sein muss, warum das nicht? Was krieg ich aber für einen Lohn?«

»Was du für einen Lohn kriegst?«, sagte der Riese. »Das sollst du hören. Jährlich dreihundertundfünfundsechzig Tage, und wenn's ein Schaltjahr ist, noch einen obendrein. Ist dir das recht?«

»Meinetwegen«, antwortete der Schneider und dachte in seinem Sinn: Man muss sich strecken nach seiner Decke. Ich such mich bald wieder loszumachen.

Darauf sprach der Riese zu ihm: »Geh, kleiner Halunke, und hol mir einen Krug Wasser.«

»Warum nicht lieber gleich den Brunnen mitsamt der Quelle?«, fragte der Prahlhans und ging mit dem Krug zu dem Wasser.

»Was? Den Brunnen mitsamt der Quelle?«, brummte der Riese, der ein bisschen tölpisch und albern war, in den Bart hinein und fing an, sich zu fürchten: »Der Kerl kann mehr als Äpfel braten. Der hat einen Alraun im Leib. Sei auf deiner Hut, alter Hans, das ist kein Diener für dich.«

Als der Schneider das Wasser gebracht hatte, befahl ihm der Riese, in dem Wald ein paar Scheite Holz zu hauen und heimzutragen.

»Warum nicht lieber den ganzen Wald mit einem Streich, den ganzen Wald, mit Jung und Alt, mit allem, was er hat, knorrig und glatt?«, fragte das Schneiderlein und ging, das Holz zu hauen.

»Was? Den ganzen Wald mit Jung und Alt, mit allem, was er hat, knorrig und glatt? Und den Brunnen mitsamt der Quelle?«, brummte der leichtgläubige Riese in den Bart und fürchtete sich noch mehr. »Der Kerl kann mehr als Äpfel braten, der hat einen Alraun im Leib: Sei auf deiner Hut, alter Hans, das ist kein Diener für dich.«

Wie der Schneider das Holz gebracht hatte, befahl ihm der Riese, zwei oder drei wilde Schweine zum Abendessen zu schießen.

»Warum nicht lieber gleich tausend auf einen Schuss und dich dazu?«, fragte der hoffärtige Schneider.

»Was?«, rief der Hasenfuß von einem Riesen und war heftig erschrocken. »Lass es nur für heute gut sein und lege dich schlafen.«

Der Riese fürchtete sich so gewaltig, dass er die ganze Nacht kein Auge zutun konnte und hin und her dachte, wie er's anfangen sollte, um sich den verwünschten Hexenmeister von Diener je eher, je lieber vom Hals zu schaffen.

Kommt Zeit, kommt Rat.

Am andern Morgen gingen der Riese und der Schneider zu einem Sumpf, um den ringsherum eine Menge Weidenbäume standen. Da sprach der Riese: »Hör einmal, Schneider, setz dich auf eine von den Weidenruten, ich möchte um mein Leben gern sehen, ob du imstand bist, sie herabzubiegen.«

Husch, saß das Schneiderlein oben, hielt den Atem ein und machte sich schwer, so schwer, dass sich die Gerte niederbog. Als er aber wieder Atem schöpfen musste, da schnellte sie ihn, weil er zum Unglück kein Bügeleisen in die Tasche gesteckt hatte, zu großer Freude des Riesen so weit in die Höhe, dass man ihn gar nicht mehr sehen konnte.

Wenn er nicht wieder heruntergefallen ist, so wird er wohl noch oben in der Luft herumschweben.

Heinz Janisch

Die schwarze Wolke

Papa hat mir die Geschichte vom Mann erzählt, der von einem Wal verschluckt wird. Jona hieß er und die Geschichte steht irgendwo in der Bibel. Komische Vorstellung. Kommt ein Wal und schluckt dich.

Na ja ... Vorher ist Jona natürlich ins Wasser gefallen.

»Ich hab mich auch schon oft so gefühlt, als würde ich untergehen«, hat mein Papa gesagt. »Und von einem Wal bin ich auch verschluckt worden. Oder zumindest war es so ähnlich. Ich bin von einer großen schwarzen Wolke verschluckt worden.

Ich hab keine Luft mehr bekommen, mein Herz hat geklopft, und ich hab gewusst, dass jetzt etwas passiert ist. Ich war so traurig wie noch nie in meinem Leben.

Ich war mitten in dieser schwarzen Wolke. Ich wusste nicht, wo sie anfängt und wo sie aufhört. Ich bin einfach auf meinem Platz sitzen geblieben und hab mir gedacht: Irgendwann muss ich hier wieder raus. Aber ich wusste nicht, wie ich das machen sollte. Ich war plötzlich unglaublich müde.

Der Mann aus der Bibel, dieser Jona, hat auch im Bauch des Wals gesessen und nicht gewusst, was er machen soll. Aber er hat viel über sich und sein Leben nachgedacht, und eines Tages hat ihn der Wal wieder aufs Land gespült. Da hat er dann wieder festen Boden unter seinen Füßen gespürt. So ist es mir auch gegangen.

Ich hab nachgedacht über diese schwarze Wolke. Und über meine Müdigkeit, die wahrscheinlich nur eine große Traurigkeit war. Ich hatte gerade meine Arbeit verloren und hatte nur noch finstere Gedanken.

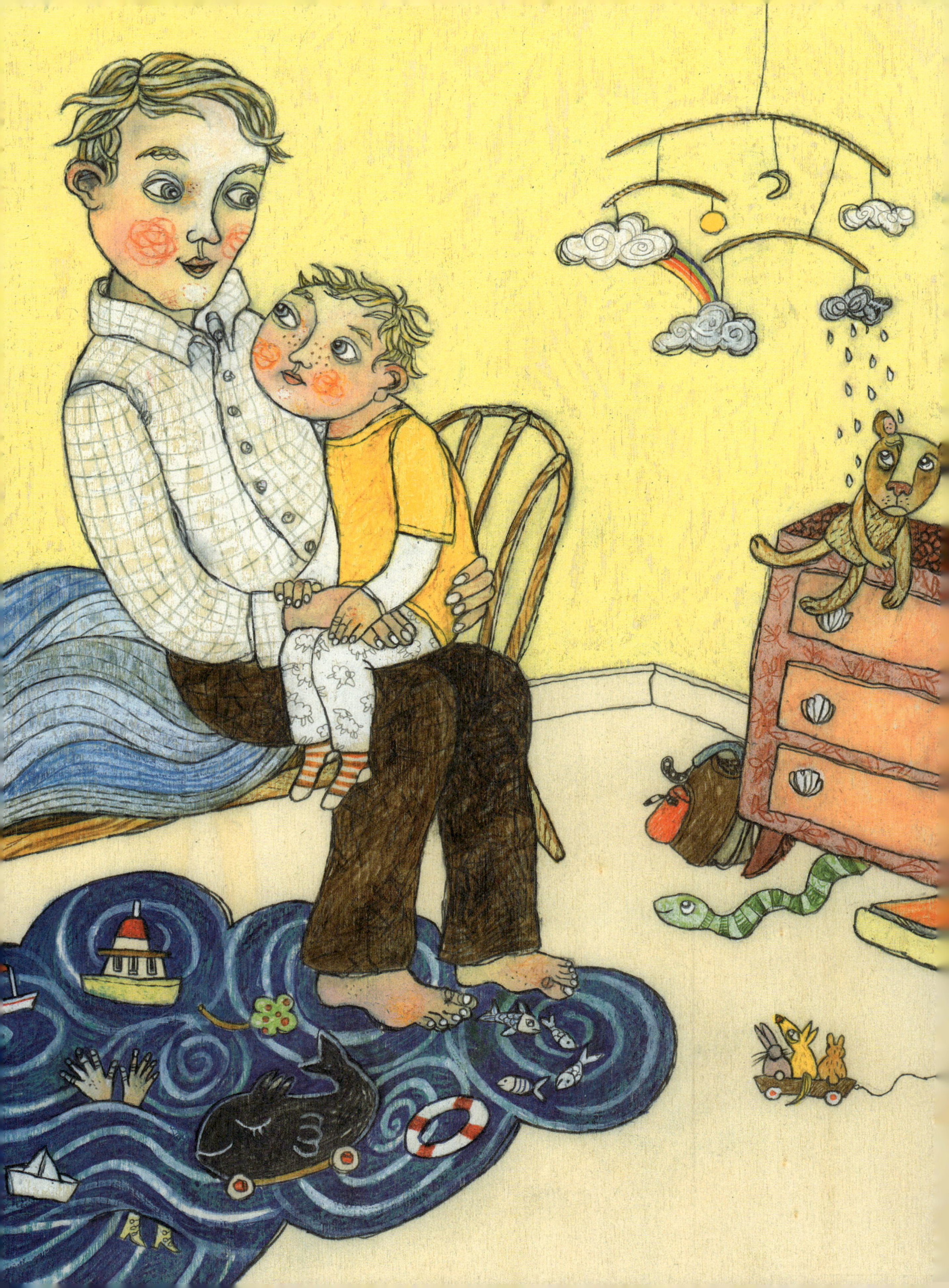

Alles erschien mir sinnlos und anstrengend. Und plötzlich war sie da, diese dunkle Wolke – wie ein gewaltiger schwarzer Wal – und hat mich verschluckt.

Da bin ich ganz schön erschrocken. Finsterer konnte es nicht mehr werden. Zuerst war ich wie versteinert. Ich konnte mich gar nicht bewegen. Aber dann bekam ich Sehnsucht nach etwas Licht. Ich wollte, dass es heller wird. Ich hab an alles gedacht, was ich gern hab: an dich, an deine Mutter, an unser Haus, an das Meer, an viele Sachen. Und ganz langsam habe ich mich besser gefühlt.

Ich war nicht mehr so müde und so schwer, und die schwarze Wolke schien auch plötzlich nicht mehr ganz so finster zu sein. Ich bekam wieder Luft und mein Herz klopfte auch nicht mehr so stark. Ich stand auf und begann, mich vorsichtig zu bewegen. Ich ging ein paar Schritte, und dann noch ein paar, und plötzlich war ich aus der Wolke draußen. Ich stand wieder auf festem Boden, so wie dieser Jona. Ich war aus dem Bauch des Wals geklettert. Ich war wieder an Land.«

Papa sah mich ängstlich an. Ob ich das wohl verstehen würde, das mit der schwarzen Wolke und das mit dem Wal?

Ich nickte. Ich war schon oft genug traurig gewesen, da hatte mich auch eine schwarze Wolke verschluckt.

Papa nahm mich in die Arme.

»Morgen habe ich ein Vorstellungsgespräch für eine neue Arbeit«, sagte er. »Und übermorgen habe ich auch ein Gespräch. Und überübermorgen auch. So lange, bis ich wieder eine Arbeit habe.«

Ich drückte mich an ihn. Ich war froh, dass Papa mir das alles erklärt hatte, das mit der schwarzen Wolke und dem Wal, und das mit seiner Traurigkeit.

Ich hatte schon gedacht, ich wäre schuld. Weil er immer so unglücklich ausgesehen hatte in den letzten Wochen. Aber jetzt wusste ich, dass es wegen der Arbeit war und wegen dieser Wolke, die ihn geschluckt hatte. Und nicht wegen mir!

»Ist es diesem Jona dann wieder gut gegangen, nach der Geschichte mit dem Wal?«, fragte ich.

»Oh ja!«, sagte Papa. »Er wurde sehr glücklich.«

»Und er ist gar nicht mehr ins Wasser gefallen?«, fragte ich.

Papa lachte.

»Das wahrscheinlich schon. Wir fallen alle mal ins Wasser. Aber das heißt ja noch lange nicht, dass man gleich von einem Wal verschluckt wird. Und sogar wenn – Jona hat ja gezeigt, dass man wieder heil herauskommen kann!«

»Du bist auch wie Jona. Du bist mutig. Du hast aus der schwarzen Wolke herausgefunden!«, sagte ich stolz.

»Das stimmt«, sagte Papa nachdenklich. »Und ab jetzt werde ich aufpassen, dass ich nicht mehr von ihr verschluckt werde!«

Wir holten uns einen Zeichenblock, und dann zeichnete ich, wie Papa eine schwarze Wolke in der Hand hält und sie einfach wegwirft – wie einen großen schwarzen Ball aus Luft.

Peter Christen Asbjørnsen/Jørgen Moe

Die große weiße Katze

Es war einmal ein Mann, der weit im Norden lebte. Genau in jenem Teil Norwegens, den man noch heute die Finnmark nennt. Eines Tages fing dieser Mann einen Eisbären, und er beschloss, den Eisbären dem König von Dänemark als Geschenk zu bringen.

Also machte er sich mit dem Eisbären auf den Weg.

Nachdem er bereits ein gutes Stück des Weges zurückgelegt hatte, brach früh die Dämmerung herein, und er beschloss, für sich und den Eisbären eine Unterkunft für die Nacht zu suchen. Als er nicht weit von sich eine Holzhütte sah, hinter deren Fenster ein Licht brannte, ging er auf sie zu und klopfte an die Tür. Es war das Haus von Halvor, und der Zufall wollte es, dass sich die Geschichte, von der ich hier berichte, genau am Julabend zutrug.

Für jene von euch, die nicht wissen, was mit dem Julabend gemeint ist, sei auch dieses Geheimnis gelüftet. So nennt man in Norwegen den Weihnachtsabend. Und wie bei uns in Deutschland ist auch in Norwegen an diesem Abend der Tisch mit vielerlei Köstlichkeiten und gutem Essen reichlich gedeckt.

Nachdem der Mann mit seinem Eisbären um eine Unterkunft gebeten hatte, antwortete Halvor voller Entsetzen: »Um Gottes willen. Ich würde euch ja gerne helfen! Aber am Julabend kommen immer so viele Trolle zu uns ins Haus, dass wir selber flüchten müssen und die ganze kalte Nacht im Wald verbringen müssen und selber kein Dach über dem Kopf haben!«

»Ach, da macht euch mal keine Sorgen, guter Mann. Deswegen kannst du mich ruhig bei dir übernachten lassen. Ihr könnt ruhig die Nacht im tiefen Wald verbringen, ich aber kann ja im Alkoven schlafen und der Bär hinter dem Ofen.«

Wobei ich anmerken möchte, dass man unter dem Wort Alkoven einen bettähnlichen Platz über dem Ofen versteht, ähnlich einer Schlafnische, wie man sie auch heute noch in alten russischen Bauernhäusern vorfindet.

Halvor war zunächst sehr skeptisch. Auch wollte er nicht, dass seinem späten Gast womöglich von den Trollen ein Leid angetan wurde. Der Mann mit dem Eisbären aber redete so lange auf Halvor ein, bis dieser schließlich einwilligte. Danach ging Halvor mit seiner Familie in den tief verschneiten Wald, während sein Gast mit dem Eisbär das Haus betrat.

Drinnen war es angenehm warm und der Tisch war festlich gedeckt. Halvor und seine Familie hatten den Tisch überaus reichlich bestückt, um die Trolle friedlich zu stimmen. Da standen Julgrütze, eine Kanne voller köstlichem Rahm, gelauchter Kabeljau, ein selbst gebackenes und noch warmes Brot und verschiedene Sorten von Wurst.

Es dauerte auch nicht lange und zu vorgerückter Stunde kamen die ersten Trolle. Einige waren groß, dick und stark behaart und andere klein. Manche von ihnen hatten einen dicken, kugelrunden Bauch und wieder andere ein dickes Hinterteil, während wieder andere keins hatten. Dann wieder gab es Trolle mit einer langen Nase, während andere einen richtigen Nasenstumpen in der Gesichtsmitte hatten, der sehr an eine zu groß geratene Kartoffel erinnerte.

Aber wie sie auch aussahen, alle langten voller Heißhunger zu und ließen es sich gut schmecken. Das Geschmatze, Geschlürfe und Gelächter war so laut, dass man es noch bis tief in die nordischen Wälder hören konnte. Nur der fremde Gast und sein Eisbär bekamen davon nichts mit. Denn von ihrem langen Fußmarsch waren sie redlich müde und schnell in einen tiefen Schlaf gefallen.

Plötzlich bemerkte eines der Trollkinder den Eisbären hinter dem Ofen und bestaunte ihn voller Neugier. Dann ging es flugs zum Tisch, nahm eine Wurst, steckte sie auf einen Spieß und briet diese über dem offenen Feuer des Ofens.

Mit dem Spieß in der Hand ging das Trollkind schließlich voller Übermut wieder zu dem schlafenden Eisbären und hielt dem ahnungslosen Tier die Wurst so nah unter die dicke Nase, dass diese angesengt wurde. Dabei lachte das kleine Trollkind voller Freude und rief laut: »Willst du eine Wurst haben? Du süße große Katze!«

Da fuhr der Eisbär wütend und mit lautem Brummen hoch und jagte alle Trolle aus dem Haus. Am nächsten Morgen waren noch so viele Köstlichkeiten da, dass nicht nur der Gast mit seinem Eisbären genug zu essen hatte, sondern auch Halvor und seine Familie, die sich nach ihrer Rückkehr sehr wunderten, weshalb von all den Speisen noch so viel übrig geblieben war, dass die Trolle einige scheinbar gar nicht angerührt hatten.

Nachdem der Gast mit seinem Eisbär das Haus verlassen hatte und ein weiteres Jahr ins Land gegangen war, begab es sich, dass Halvor am Nachmittag des Julabends wieder in den Wald zog, um Holz für den Julabend zu besorgen, während seine Frau bereits den Tisch zum Abendessen festlich deckte.

Halvor war gerade dabei, einen weiteren Baum für sein Brennholz zu fällen, als er seinen Namen rufen hörte: »Halvor! Halvor!«

Erstaunt hob Halvor seinen Kopf, blickte sich um und antworte: »Ja? Was ist denn?«

Denn nur einige Meter von ihm entfernt stand ein Troll und rief ihm zu: »Halvor? Hast du noch deine große weiße Katze, die so laut und fürchterlich brummt?«

Da wusste Halvor Bescheid und antwortete mit einem fröhlichen Grinsen im Gesicht: »Ja, natürlich! Die liegt unterm Ofen und hat inzwischen sieben Junge geworfen! Die sind schon größer und viel wilder als sie selbst!«

»Dann kommen wir nicht mehr zu dir!«, rief der Troll ängstlich zwischen den Bäumen hervor und verschwand im Unterholz.

Seit jenem Tag haben die Trolle auf den festlich geschmückten Tisch von Halvor und seiner Familie verzichtet.

Halvor, seine Frau und seine Kinder konnten von nun an jeden Julabend voller Freude ungestört genießen.

»... und das war all sein Reichtum!«

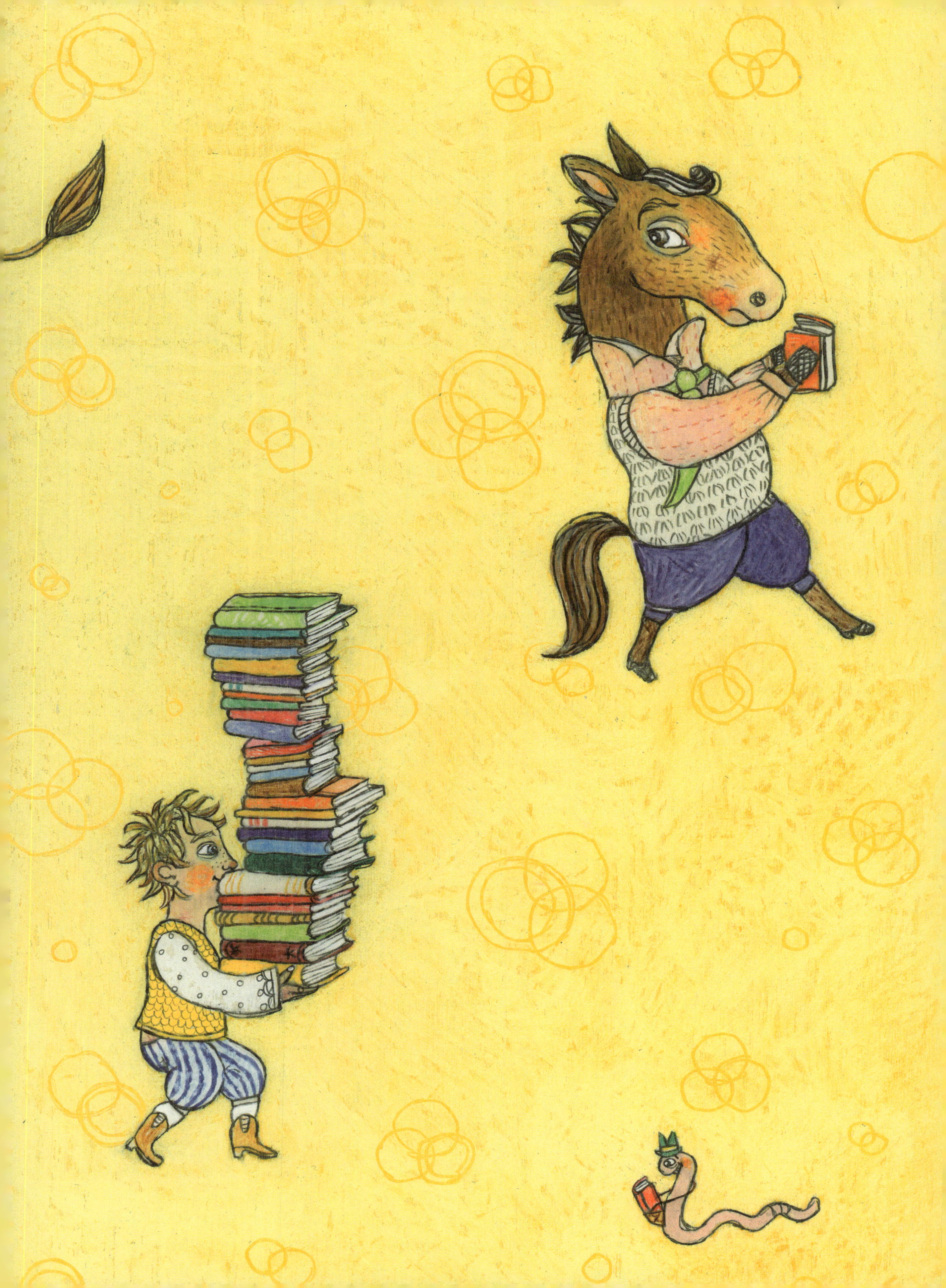

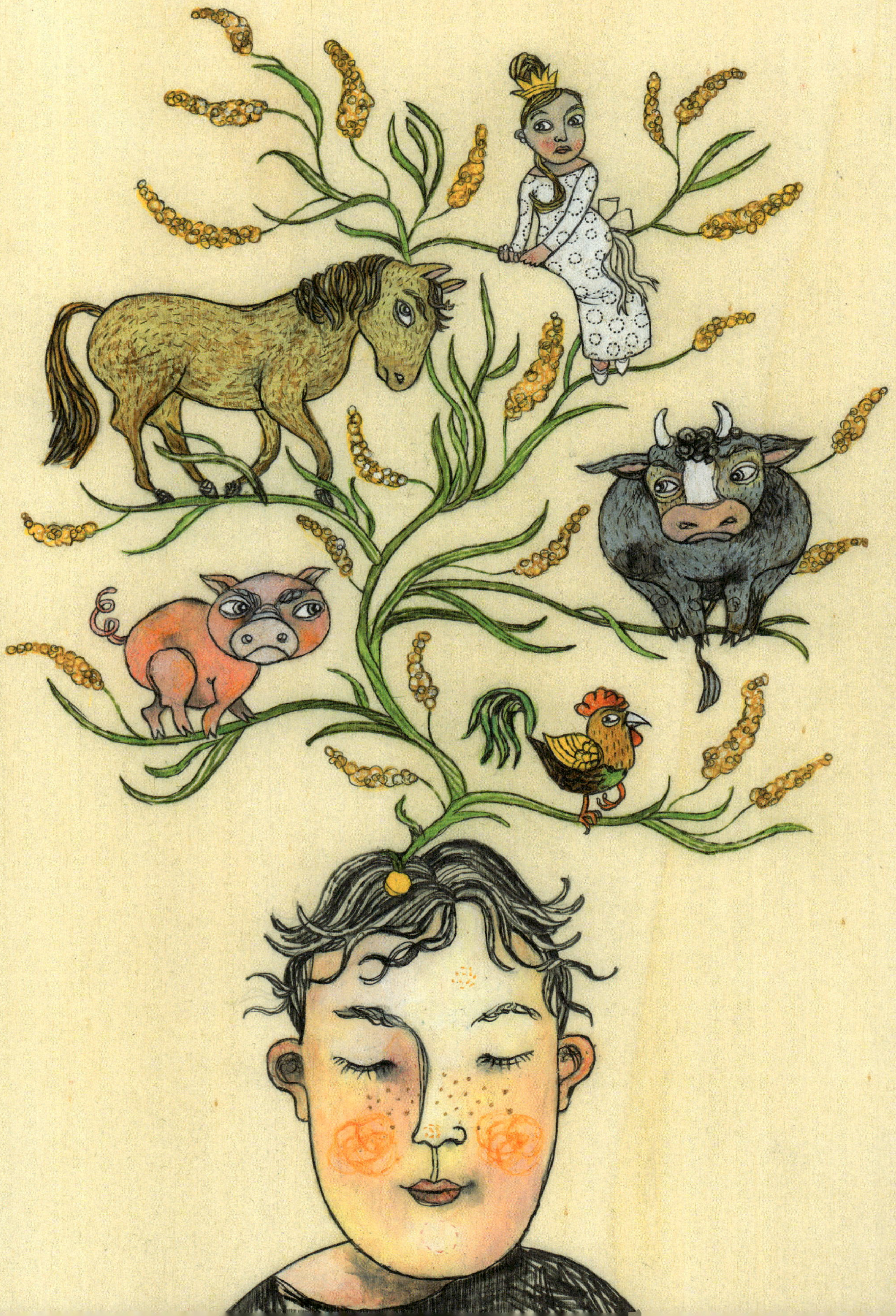

Josef Haltrich

Das Hirsekorn

Es war einmal ein armer, armer Junge, der hatte von seiner Mutter, als sie starb, ein kleinwinziges Hirsekorn geerbt, und das war all sein Reichtum. Da er nun weder Vater noch Mutter zu verlassen hatte, so meinte er, die Welt sei groß und schön, er wolle sich ein wenig darin umschauen. Also nahm er sein Hirsekorn und wanderte fort. Nicht lange, so begegnete er einem alten Manne mit breitem Hut und einem grauen Mantel, der sah so freundlich aus.

»Gott grüß Euch, alter Großvater!«, sprach der Junge.

»Schönen Dank!«, erwiderte der Mann. »Wo gehst du denn hin?«

»Auf Reisen!«, sprach der Junge. »Und ich trage all mein Gut mit mir. Das ist ein Hirsekorn. Wird es mir nicht gestohlen werden?«

Da jammerte den Mann des armen Knaben und er sprach: »Besorge nichts, mein Kind. Du wirst es zwar verlieren, aber dadurch gewinnen!«

Abends kehrte der Junge in einem Dorfe ein, klopfte bei einem Bauern an und bat um Herberge. Als er schlafen ging, legte er sein Hirsekorn aufs Fenster und sprach zum Wirt: »Das ist all mein Reichtum, wird es mir nicht gestohlen werden?«

»Schlafe ruhig, mein Sohn, es soll dir in meinem Hause kein Schaden geschehen!«

Am Morgen, als die Sonne ins Fenster schien, glänzte das Hirsekorn, und der Haushahn, der im Hofe herumstieg und Körner suchte, sah es, flog hin und pickte es auf.

Eben war der Knabe erwacht und erblickte den Hahn auf dem Fenster, wie er sein Hirsekorn verschluckte. Da fing er an zu weinen und zu klagen. Der Bauer tröstete ihn und sprach: »Der Hahn ist dein, hat er gefressen das Hirselein.«

Nun war der Knabe froh, nahm den Hahn und wanderte weiter. Abends kam er wieder in einem andern Dorfe zu einem Bauern und bat um Herberge. Er sprach: »Der Hahn ist all mein Reichtum, wird er mir nicht gestohlen werden?«

»Schlafe ruhig, mein Sohn«, sprach der Wirt, »auf meinem Hof darf dir kein Schaden geschehen.«

Frühmorgens aber ging der Hahn im Hofe herum und suchte sich Körner, und wie er einige gefunden hatte, sah dieses das Schwein des Bauern, packte den Hahn und erbiss ihn, die Körner aber fraß es selbst.

Als der Knabe am Morgen nach seinem Hahn sah, so lag der tot, und er fing nun an zu jammern und zu klagen: »Oh weh mir, das Schwein hat meinen Hahn erbissen!«

Da tröstete ihn der Bauer und sprach: »Nimm hin das Schwein, es sei nun dein, hat's den Hahn dir erbissen.«

Da band der Wirt ihm ein Seil an den Fuß und der Junge zog weiter. Abends gelangte er wieder in ein Dorf und sprach abermals bei einem Bauern an, und da nahm man ihn freundlich auf. Er sagte aber zum Wirt: »Mein ganzer Reichtum ist dies Schwein, wird es mir nicht gestohlen werden?«

»Schlafe ruhig, mein Sohn, auf meinem Hof darf dir kein Schaden geschehen.«

Als aber am Morgen eine mutige Kuh des Bauern das fremde Schwein im Hof sah, lief sie auf dasselbe los und erstieß es mit ihren Hörnern.

Der Knabe erwachte bald, ging hinaus und sah sein Unglück. Da fing er an zu jammern, doch der Bauer tröstete ihn und sprach: »Die Kuh ist dein, hat sie das Schwein dir erstoßen!«

Er band ihr ein Seil um den Hals und übergab sie dem Knaben. Der wanderte jetzt fröhlich weiter und gelangte abends auf einen Edelhof und bat um Herberge. Die wurde ihm auch gerne gewährt. Der Knabe aber sprach ganz untertänig zum Herrn des Hofes, als er schlafen ging: »All mein Reichtum ist diese Kuh, wird sie mir nicht gestohlen werden?«

»Schlafe ruhig, armer Junge, auf meinem Hofe soll dir kein Schaden geschehen!«

Als am Morgen die Pferde zur Tränke geführt wurden, sprang ein mutwilliger Hengst im Hof herum. Sowie er die fremde Kuh erblickte, lief er auf sie zu und schlug sie tot. Da fing der Junge an zu klagen und zu jammern, als er seine Kuh tot sah. Der Edelmann aber tröstete ihn und sprach: »Nimm den Hengst für die Kuh. Und den Zaum dazu!«

Da setzte sich der Junge auf das stattliche Ross und ritt fort in die weite, weite Welt und verrichtete viele Heldentaten. Zuletzt ist er noch auf den Glasberg geritten, hat die Königstochter erlöst und ist König geworden.

Seht ihr's, was aus einem armen Jungen werden kann, wenn er's Glück hat!

Ludwig Bechstein

Die drei Hunde

Ein Schäfer hinterließ seinen beiden Kindern, einem Sohn und einer Tochter, nichts als drei Schafe und ein Häuschen und sprach auf seinem Totenbett: »Teilt euch geschwisterlich darein, dass nicht Hader und Zank zwischen euch entstehe.«

Als der Schäfer nun gestorben war, fragte der Bruder die Schwester, welches sie lieber wollte, die Schafe oder das Häuschen? Und als sie das Häuschen wählte, sagte er: »So nehme ich die Schafe und gehe in die weite Welt. Es hat schon mancher sein Glück gefunden und ich bin ein Sonntagskind.«

Er ging darauf mit seinem Erbteil fort; das Glück wollte ihm jedoch lange nicht begegnen. Einst saß er recht verdrießlich an einem Kreuzweg, ungewiss, wohin er sich wenden wollte.

Auf einmal sah er einen Mann neben sich, der hatte drei schwarze Hunde, von denen der eine immer größer als der andere war.

»Ei, junger Gesell«, sagte der Mann, »Ihr habt da drei schöne Schafe. Wisst Ihr was, gebt mir die Schafe, ich will Euch meine Hunde dafür geben.«

Trotz seiner Traurigkeit musste jener lachen. »Was soll ich mit Euren Hunden tun?«, fragte er. »Meine Schafe ernähren sich selbst, die Hunde aber wollen gefüttert sein.«

»Meine Hunde sind von absonderlicher Art«, antwortete der Fremde, »sie ernähren Euch, statt Ihr sie, und werden Euer Glück machen. Der kleinere da heißt *Bring Speisen*, der zweite *Zerreißen* und der große, starke *Brich Stahl und Eisen*.«

Der Schäfer ließ sich endlich beschwatzen und gab seine Schafe hin.

Um die Eigenschaft seiner Hunde zu prüfen, sprach er: »Bring Speisen!«, und alsbald lief der eine Hund fort und kam zurück mit einem großen Korb voll der herrlichsten Speisen. Den Schäfer gereute nun der Tausch nicht, er ließ sich's wohl sein und zog lange im Lande umher.

Einst begegnete ihm ein Wagen mit zwei Pferden bespannt und ganz mit schwarzen Decken bekleidet und auch der Kutscher war schwarz angetan. In dem Wagen saß ein wunderschönes Mädchen in einem schwarzen Gewande, das weinte bitterlich. Die Pferde trabten traurig und langsam und hingen die Köpfe.

»Kutscher, was bedeutet das?«, fragte der Schäfer.

Der Kutscher antwortete unwirsch, jener aber ließ nicht nach zu fragen, bis der Kutscher erzählte, es hause ein großer Drache in der Gegend, dem habe man, um sich vor seinen Verwüstungen zu sichern, eine Jungfrau als jährlichen Tribut versprechen müssen, die er mit Haut und Haar verschlingt. Das Los entscheide allemal unter den vierzehnjährigen Jungfrauen und diesmal habe es die Königstochter betroffen. Darüber seien der König und das ganze Land in tiefster Betrübnis und doch müsse der Drache sein Opfer erhalten.

Der Schäfer fühlte Mitleid mit dem schönen jungen Mädchen und folgte dem Wagen. Dieser hielt endlich an einem hohen Berge. Die Jungfrau stieg aus und schritt langsam ihrem schrecklichen Schicksal entgegen. Der Kutscher sah nun, dass der fremde Mann ihr folgen wollte, und warnte ihn, der Schäfer ließ sich jedoch nicht abwendig machen.

Als sie die Hälfte des Berges erstiegen hatten, kam vom Gipfel herab ein schreckliches Untier mit einem Schuppenleib, Flügeln und ungeheuren Krallen an den Füßen; aus seinem Rachen loderte ein glühender Schwefelstrom, und schon wollte es sich auf seine Beute stürzen, da rief der Schäfer: »Zerreißen!«, und der zweite seiner Hunde stürzte sich auf den Drachen, biss sich in der Weiche desselben fest und setzte ihm so zu, dass das Ungeheuer endlich niedersank und sein giftiges Leben aushauchte, der Hund aber fraß ihn völlig auf, dass nichts übrig blieb als ein Paar Zähne, die steckte der Schäfer zu sich.

Die Königstochter war ganz ohnmächtig vor Schreck und vor Freude, der Schäfer erweckte sie wieder zum Leben, und nun sank sie ihrem Retter zu Füßen und bat ihn flehentlich, mit zu ihrem Vater zu kommen, der ihn reich belohnen werde. Der Jüngling antwortete, er wolle sich erst in der Welt umsehen, nach drei Jahren aber wiederkommen. Und bei diesem Entschluss blieb er.

Die Jungfrau setzte sich wieder in den Wagen und der Schäfer ging eines anderen Weges fort.

Der Kutscher aber war auf böse Gedanken gekommen. Als sie über eine Brücke fuhren, unter der ein großer Strom floss, hielt er still, wandte sich zur Königstochter und sprach: »Euer Retter ist fort und begehrt Eures Dankes nicht. Es wäre schön von Euch, wenn Ihr einen armen Menschen glücklich machtet. Saget deshalb Eurem Vater, dass ich den Drachen umgebracht habe; wollt Ihr aber das nicht, so werfe ich Euch hier in den Strom und niemand wird nach Euch fragen, denn es heißt, der Drache habe Euch verschlungen.«

Die Jungfrau wehklagte und flehte, aber vergeblich, sie musste endlich schwören, den Kutscher für ihren Retter auszugeben und keiner Seele das Geheimnis verraten. So fuhren sie in die Stadt zurück, wo alles außer sich vor Entzücken war; die schwarzen Fahnen wurden von den Türmen genommen und bunte daraufgesteckt, und der König umarmte mit Freudentränen seine Tochter und ihren vermeintlichen Retter.

»Du hast nicht nur mein Kind, sondern das ganze Land von einer großen Plage errettet«, sprach er. »Darum ist es auch billig, dass ich dich belohne. Meine Tochter soll deine Gemahlin werden; da sie aber noch allzu jung ist, so soll die Hochzeit erst in einem Jahr sein.«

Der Kutscher dankte, ward prächtig gekleidet, zum Edelmann gemacht und in allen feinen Sitten, die sein nunmehriger Stand erforderte, unterwiesen.

Die Königstochter aber erschrak heftig und weinte bitterlich, als sie dies vernahm, und wagte doch nicht, ihren Schwur zu brechen.

Als das Jahr um war, konnte sie nichts erreichen als die Frist noch eines Jahres. Auch dies ging zu Ende und sie warf sich dem Vater zu Füßen und bat um noch ein Jahr, denn sie dachte an das Versprechen ihres wirklichen Erretters. Der König konnte ihrem Flehen nicht widerstehen und gewährte ihr die Bitte, mit dem Zusatz jedoch, dass dies die letzte Frist sei, die er ihr gestattete. Wie schnell verrann die Zeit! Der Trauungstag war nun festgesetzt, auf den Türmen wehten rote Fahnen und das Volk war im Jubel.

An demselben geschah es, dass ein Fremder mit drei Hunden in die Stadt kam. Der fragte nach der Ursache der allgemeinen Freude und erfuhr, dass die Königstochter eben mit dem Manne vermählt werde, der den schrecklichen Drachen erschlagen. Der Fremde schalt diesen Mann einen Betrüger, der sich mit fremden Federn schmücke. Aber er wurde von der Wache ergriffen und in ein enges Gefängnis mit eisernen Türen geworfen.

Als er nun so auf seinem Strohbündel lag und sein trauriges Geschick überdachte, glaubte er plötzlich, draußen das Winseln seiner Hunde zu hören; da dämmerte ein lichter Gedanke in ihm auf.

»Brich Stahl und Eisen!«, rief er, so laut er konnte, und alsbald sah er die Tatzen seines größten Hundes an dem Gitterfenster, durch welches das Tageslicht spärlich in seine Zelle fiel.

Das Gitter brach, und der Hund sprang in die Zelle und zerbiss die Ketten, mit denen sein Herr gefesselt war; darauf sprang er wieder hinaus und sein Herr folgte ihm. Nun war er zwar frei, aber der Gedanke schmerzte ihn sehr, dass ein anderer seinen Lohn ernten solle.

Es hungerte ihn auch und er rief seinen Hund an: »Bring Speisen!«

Bald darauf kam der Hund mit einer Serviette voll köstlicher Speisen zurück; in die Serviette war eine Königskrone gestickt. Der König hatte eben mit seinem ganzen Hofstaat an der Tafel gesessen, als der Hund erschienen war und der bräutlichen Jungfrau bittend die Hand geleckt hatte. Mit freudigem Schreck hatte sie den Hund erkannt und ihm die eigene Serviette umgebunden. Sie sah dies als einen Wink des Himmels an, bat den Vater um einige Worte und vertraute ihm das ganze Geheimnis.

Der König sandte einen Boten dem Hunde nach, der bald darauf den Fremden in des Königs Kabinett brachte. Der König führte ihn an der Hand in den Saal, der ehemalige Kutscher erblasste bei seinem Anblick und bat kniend um Gnade.

Die Königstochter erkannte den Fremdling als ihren Retter, der sich noch überdies durch die Drachenzähne, die er noch bei sich trug, auswies. Der Kutscher ward in einen tiefen Kerker geworfen und der Schäfer nahm seine Stelle an der Seite der Königstochter ein. Diesmal bat sie nicht um Aufschub der Trauung.

Das junge Ehepaar lebte schon eine geraume Zeit in wonniglichem Glück, da gedachte der ehemalige Schäfer seiner armen Schwester und sprach den Wunsch aus, ihr von seinem Glück mitzuteilen. Er sandte auch einen Wagen fort, sie zu holen, und es dauerte nicht lange, so lag sie an der Brust ihres Bruders.

Da begann einer der Hunde zu sprechen und sagte: »Unsere Zeit ist nun um, du bedarfst unser nicht mehr. Wir blieben nur so lange bei dir, um zu sehen, ob du auch im Glück deine Schwester nicht vergessen würdest.«

Darauf verwandelten sich die Hunde in drei Vögel und verschwanden in den Lüften.

Josef Haltrich

Der Erbsenfinder

Es war einmal ein Junge, der fand eine Erbse und war über alle Maßen froh.

»Was für ein glücklicher Mensch bist du doch!«, sprach er bei sich selbst. »Nun wirst du keine Not leiden. Denn jetzt säest du die Erbse, über ein Jahr bekommst du davon eine Maß, über zwei Jahre einen Kübel, über drei Jahre hundert Kübel, über vier Jahre tausend Kübel und so immer mehr!«

Aber da fiel ihm noch gerade zur rechten Zeit ein, dass er nichts habe, wohin er sie schütten solle.

»Du willst gleich zum König gehen«, sprach er bei sich, »und tausend Säcke zu Leihen nehmen.«

Wie er nun hinging und den König darum bat, fragte dieser: »Wozu brauchst du denn so viele Säcke?«

»Für meine Erbsen!«, sprach der Junge.

»Ja, ich habe nicht so viel«, sagte der König, »aber bleibe nur hier bis morgen!«

Der König aber hatte eine schöne Tochter, die wollte er gerne einem reichen Jünglinge zum Weibe geben. Der wäre mir gerade recht!, dachte der König bei sich, denn wenn er so viele Erbsen hat, was muss er erst anderes haben!

Er ließ ihm jedoch die Nacht nur ein Strohlager machen, um ihn zu prüfen, ob er wirklich reich sei. Rausche das Stroh nämlich und könne er nicht darauf liegen, so sei das ein rechtes Zeichen, dass er nicht arm sei. Da mussten nun einige Mägde an der Türe lauschen.

Kaum hatte sich der Junge niedergelegt, so verlor er seine Erbse im Stroh. Da ward er voller Sorge und fing gleich an zu suchen und das Stroh auseinanderzuwerfen, also dass es laut rauschte. Nun liefen die Mägde gleich zum Könige und brachten ihm die erwünschte Botschaft.

Der war sehr froh, und am frühen Morgen kam er gleich zum Jungen und sagte, wenn er nichts dawider hätte, so wolle er ihm seine Tochter zur Frau geben, denn er sehe ja wohl, dass er ein sehr reicher Herr sei.

»Dagegen habe ich ganz und gar nichts!«, sprach der Junge.

Eine Königstochter, dachte er bei sich, und zumal wenn sie so schön ist, bietet man einem nicht alle Tage an. Und so feierte er noch an demselben Tage mit ihr die Hochzeit und war ganz vergnügt und glücklich.

Am folgenden Morgen ließ aber der König anspannen und sprach: »Wohlan, ich möchte so gerne dein Schloss sehen, ziehen wir gleich hin!«

Da musste sich der Junge mit seiner Frau, der Königstochter, und dem alten König in den Wagen setzen und zeigen, wo lang man fahren solle. Er zeigte nach einer Richtung, ohne dass er selbst recht wusste, wohin es gehe. Es war ihm aber nicht recht und er hatte keine Ruhe.

Als sie in einen Wald kamen, stieg er vom Wagen, als wolle er nur so auf die Seite. Allein er wollte entlaufen und war nur voll Angst, dass ihn der König suchen und finden werde. Nur einmal stand der Teufel vor ihm und fragte ihn, warum er denn so ein Narr sei und die Königstochter im Stiche ließe.

»Ja«, sprach er, »wie sollt' ich das nicht. Der König, ihr Vater, will zu meinem Schlosse fahren, und ich habe doch keines!«

Da sagte der Teufel: »Ein Schloss sollst du haben und alles dazu und neun Schweine im Stall, doch unter einer Bedingung: Nach sieben Jahren sollst du mir neun Fragen passend beantworten, und bleibst du mir auch nur eine schuldig, so sollst du mir gehören.«

Der Junge bedachte sich nicht lange und willigte ein.

Der Teufel führte ihn sofort auf eine lichte Stelle im Wald und zeigte ihm in der Ferne ein Schloss und sprach: »Ziehe nur dahin, das ist dein!«

Der Junge lief jetzt schnell wieder zum Wagen. Der König und seine Tochter waren schon ungeduldig geworden, dass er so lange aus gewesen.

Er ließ schnell weitertreiben und bald waren sie im Schloss. Das gefiel dem alten König sehr, denn es war alles da, was man sich nur wünschen konnte.

Nach einigen Tagen zog er heim und ließ das junge Paar für sich, und die lebten jetzt froh und vergnügt. So verging ein Jahr nach dem andern, bis die sieben Jahre bald um waren. Da wurde es dem Jungen angst und er dachte mit Grauen an die neun Fragen.

Als er so einmal in traurigen Gedanken auf dem Felde herumging und nachdachte, kam ein alter Mann zu ihm und fragte ihn, was ihm denn fehle. Er erzählte ihm von seiner Not.

Da sagte der alte Mann: »Kümmere dich nicht, ich werde dir in jenem Augenblicke gute Gedanken eingeben, dass du keine Antwort schuldig bleibst!«

Kaum war die Zeit da, so stellte sich auch der Teufel ein und fing an zu fragen: »Was ist eins und ist viel wert?«

Da sprach der Junge: »Ein guter Brunnen auf dem Hof ist einem Wirt viel wert!«

Der Teufel war mit der Antwort zufrieden und fragte weiter: »Was ist zwei und lässt sich schwer entbehren?«

»Wer zwei gesunde Augen hat, dem steht die Welt und der Himmel offen. Wer sie verliert, dem werden beide verschlossen!«

Der Teufel ärgerte sich, dass auch diese Antwort passend war, und fragte fort: »Was ist drei und lässt sich gut brauchen?«

»Wenn jemand eine gute dreihörnige Gabel hat, so kann er gut essen und Heu machen!«

Auch diese Antwort passte. Der Teufel kochte vor Zorn und fragte weiter: »Was ist vier und ist sehr nützlich?«

»Wer vier starke Räder am Wagen und vier gute Pferde hat, kann weit fahren!«

»Was ist fünf und ist ein nützlich Ding?«, fragte der Teufel hastig fort.

»Wer fünf starke Ochsen hat, kann eine große Last aufladen, denn wenn der vierte fällt, spannt er den fünften ein!«

»Was ist sechs und kann schon glücklich machen? Nur schnell, antworte!«

»Wer sechs Joch Acker besitzt, der hat ein gutes Einkommen und braucht nicht betteln zu gehen!«

»Was ist sieben und ist was Gutes?«

»Wer sieben tüchtige Söhne hat, kann alle Arbeit im Jahr wohl bestellen und sich freuen!«

»Was ist acht und macht was Rechtes aus?«

»Acht Mädchen geben eine rechte Gesellschaft!«

Der Teufel war wütend, dass der Junge ihm alle Fragen so schnell und treffend beantwortet hatte. »Nun warte!«, rief er. »Du bist dennoch mein eigen, wenn du die neunte Frage mir schuldig bleibst: Was ist neun und ist was Gutes?«

»Die neun Schweine im Stall sind was Gutes – nicht wahr? Und die sind jetzt auch mein!«

Der Teufel zog fluchend ab, und der Junge hatte so ein Schloss und neun Schweine sich verschafft und lebte mit der schönen Königstochter bis an sein Ende im Frieden.

Aus dieser Geschichte aber kann sich jedermann ein Beispiel nehmen: Wer eine Erbse findet, soll sie nicht gering achten. Denn wie leicht ist es möglich, dass er sich damit auch eine schöne Königstochter, ein Schloss und neun Schweine erwirbt!

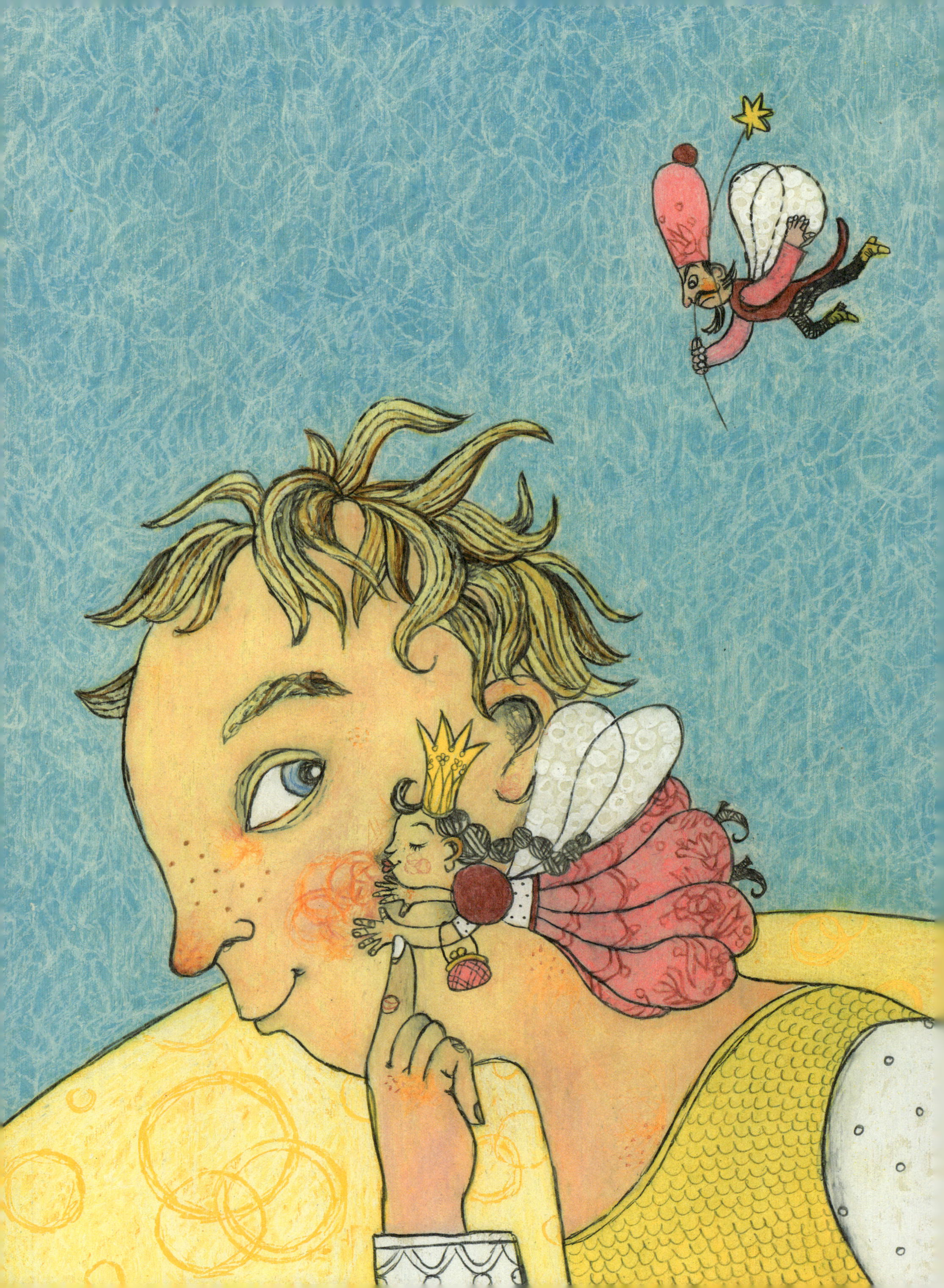

»Hundert Küsse
   von der Prinzessin!«

Hans Christian Andersen

Der Schweinehirt

Es war einmal ein armer Prinz; er hatte nur ein ganz kleines Königreich; aber es war immer groß genug, um sich darauf zu verheiraten, und verheiraten wollte er sich. Nun war es freilich etwas keck von ihm, dass er zur Tochter des Kaisers zu sagen wagte: »Willst du mich haben?« Aber er wagte es doch, denn sein Name war weit und breit berühmt; es gab hundert Prinzessinnen, die gerne Ja gesagt hätten; aber ob sie es tat? Nun, wir wollen hören.

Auf dem Grabe des Vaters des Prinzen wuchs ein Rosenstrauch, ein herrlicher Rosenstrauch; der blühte nur jedes fünfte Jahr und trug dann auch nur die einzige Blume; aber das war eine Rose, die duftete so süß, dass man alle seine Sorgen und seinen Kummer vergaß, wenn man daran roch. Der Prinz hatte auch eine Nachtigall, die konnte singen, als ob alle schönen Melodien in ihrer Kehle säßen. Diese Rose und die Nachtigall sollte die Prinzessin haben, und deshalb wurden sie beide in große silberne Behälter gesetzt und ihr zugesandt.

Der Kaiser ließ sie vor sich her in den großen Saal tragen, wo die Prinzessin war und mit ihren Hofdamen »Es kommt Besuch« spielte. Als sie die großen Behälter mit den Geschenken erblickte, klatschte sie vor Freude in die Hände.

»Wenn es doch eine kleine Miezekatze wäre!«, sagte sie, aber da kam der Rosenstrauch mit der herrlichen Rose hervor.

»Wie niedlich sie gemacht ist!«, sagten alle Hofdamen.

»Sie ist mehr als niedlich«, sagte der Kaiser, »sie ist schön!«

Aber die Prinzessin befühlte sie, und da war sie nahe daran zu weinen.

»Pfui, Papa!«, sagte sie. »Sie ist nicht künstlich, sie ist natürlich!«

»Pfui«, sagten alle Hofdamen, »sie ist natürlich!«

»Lasst uns nun erst sehen, was in dem andern Behälter ist, ehe wir böse werden!«, meinte der Kaiser, und da kam die Nachtigall heraus, die so schön sang, dass man nicht gleich etwas Böses gegen sie vorbringen konnte.

»Superbe! Charmant!«, sagten die Hofdamen; denn sie plauderten alle Französisch, eine immer ärger als die andere.

»Wie der Vogel mich an die Spieldose der seligen Kaiserin erinnert!«, sagte ein alter Kavalier. »Ach ja, das ist derselbe Ton, derselbe Vortrag!«

»Ja!«, sagte der Kaiser und dann weinte er wie ein kleines Kind.

»Es wird doch hoffentlich kein natürlicher sein?«, sagte die Prinzessin.

»Ja, es ist ein natürlicher Vogel!«, sagten die Boten, die ihn gebracht hatten.

»So lasst den Vogel fliegen«, sagte die Prinzessin, und sie wollte nicht gestatten, dass der Prinz käme.

Aber dieser ließ sich nicht einschüchtern. Er bemalte sich das Antlitz mit Braun und Schwarz, drückte die Mütze tief über den Kopf und klopfte an.

»Guten Tag, Kaiser!«, sagte er. »Könnte ich nicht hier auf dem Schlosse einen Dienst bekommen?«

»Jawohl!«, sagte der Kaiser. »Ich brauche jemanden, der die Schweine hüten kann, denn derer haben wir viele.«

So wurde der Prinz angestellt als kaiserlicher Schweinehirt. Er bekam eine jämmerlich kleine Kammer unten bei den Schweinen, und da musste er bleiben; aber den ganzen Tag saß er und arbeitete, und als es Abend war, hatte er einen niedlichen, kleinen Topf gemacht. Rings um ihn waren Schellen, und sobald der Topf kochte, klingelten sie und spielten die schöne Melodie: »Ach, du lieber Augustin, alles ist hin, hin, hin!«

Aber das Allerkünstlichste war, dass, wenn man den Finger in den Dampf des Topfes hielt, man sogleich riechen konnte, welche Speisen auf jedem Feuerherd in der Stadt zubereitet wurden. Das war wahrlich etwas ganz anderes als die Rose!

Nun kam die Prinzessin mit allen ihren Hofdamen daherspaziert, und als sie die Melodie hörte, blieb sie stehen und sah ganz erfreut aus, denn sie konnte auch »Ach, du lieber Augustin« spielen. Das war das Einzige, was sie konnte, aber das spielte sie mit einem Finger.

»Das ist ja das, was ich kann!«, sagte sie. »Dann muss es ein gebildeter Schweinehirt sein! Höre, gehe hinunter und frage ihn, was das Instrument kostet!«

Da musste eine der Hofdamen hineingehen. Aber sie zog Holzpantoffeln an.

»Was willst du für den Topf haben?«, fragte die Hofdame.

»Zehn Küsse von der Prinzessin!«, sagte der Schweinehirt.

»Gott bewahre uns!«, sagte die Hofdame.

»Ja, anders tue ich es nicht!«, antwortete der Schweinehirt.

»Er ist unartig!«, sagte die Prinzessin, und dann ging sie; aber als sie ein kleines Stück gegangen war, erklangen die Schellen so lieblich: »Ach, du lieber Augustin, alles ist hin, hin, hin!«

»Höre«, sagte die Prinzessin, »frage ihn, ob er zehn Küsse von meinen Hofdamen will!«

»Ich danke schön«, sagte der Schweinehirt, »zehn Küsse von der Prinzessin, oder ich behalte meinen Topf.«

»Was ist das doch für eine langweilige Geschichte!«, sagte die Prinzessin. »Aber dann müsst ihr vor mir stehen, damit es niemand sieht!«

Die Hofdamen stellten sich davor und breiteten ihre Kleider aus, und da bekam der Schweinehirt zehn Küsse und sie erhielt den Topf.

Nun, das war eine Freude!

Den ganzen Abend und den ganzen Tag musste der Topf kochen; es gab nicht einen Feuerherd in der ganzen Stadt, von dem sie nicht wussten, was darauf gekocht wurde, sowohl beim Kammerherrn wie beim Schuhflicker. Die Hofdamen tanzten und klatschten in die Hände.

»Wir wissen, wer süße Suppe und Eierkuchen essen wird, wir wissen, wer Grütze und Braten bekommt! Wie schön ist doch das!«

»Ja, aber haltet reinen Mund, denn ich bin des Kaisers Tochter!«

»Jawohl, jawohl!«, sagten alle.

Der Schweinehirt, das heißt der Prinz – aber sie wussten es ja nicht anders, als dass er ein wirklicher Schweinehirt sei – ließ die Tage nicht verstreichen, ohne etwas zu tun, und da machte er eine Knarre. Wenn man diese herumschwang, erklangen alle die Walzer und Hopser, die man von Erschaffung der Welt an kannte.

»Ach, das ist superbe«, sagte die Prinzessin, indem sie vorbeiging. »Ich habe nie eine schönere Musik gehört! Höre, gehe hinein und frage ihn, was das Instrument kostet, aber ich küsse nicht wieder!«

»Er will hundert Küsse von der Prinzessin haben!«, sagte die Hofdame, die hineingegangen war, um zu fragen.

»Ich glaube, er ist verrückt!«, sagte die Prinzessin und dann ging sie; aber als sie ein kleines Stück gegangen war, blieb sie stehen. »Man muss die Kunst aufmuntern«, sagte sie, »ich bin des Kaisers Tochter! Sage ihm, er soll wie neulich zehn Küsse haben; den Rest kann er von meinen Hofdamen nehmen!«

»Ach, aber wir tun es ungern!«, sagten die Hofdamen.

»Das ist Geschwätz«, sagte die Prinzessin, »wenn ich ihn küssen kann, dann könnt ihr es auch; bedenkt, ich gebe euch Kost und Lohn!«

Da mussten die Hofdamen wieder zu ihm hineingehen.

»Hundert Küsse von der Prinzessin«, sagte er, »oder jeder behält das Seine!«

»Stellt euch davor!«, sagte sie dann, und da stellten sich alle Hofdamen davor, und nun küsste er.

»Was mag das wohl für ein Auflauf beim Schweinestall sein?«, fragte der Kaiser, der auf den Balkon hinausgetreten war. Er rieb sich die Augen und setzte die Brille auf. »Das sind ja die Hofdamen, die da ihr Wesen treiben; ich werde wohl zu ihnen hinuntergehen müssen!«

Potztausend, wie er sich sputete! Sobald er in den Hof hinunterkam, ging er ganz leise, und die Hofdamen hatten so viel damit zu tun, die Küsse zu zählen, damit es ehrlich zugehen möge, dass sie den Kaiser gar nicht bemerkten. Er erhob sich hoch auf den Zehen.

»Was ist das?«, sagte er, als er sah, dass sie sich küssten; und dann schlug er seine Tochter mit einem Pantoffel auf den Kopf, gerade als der Schweinehirt den sechsundachtzigsten Kuss erhielt.

»Fort mit euch!«, sagte der Kaiser, denn er war böse, und sowohl die Prinzessin wie der Schweinehirt mussten sein Kaiserreich verlassen.

Da stand sie nun und weinte, der Schweinehirt schalt und der Regen strömte hernieder.

»Ach, ich elendes Geschöpf«, sagte die Prinzessin, »hätte ich doch den schönen Prinzen genommen! Ach, wie unglücklich bin ich!«

Der Schweinehirt aber ging hinter einen Baum, wischte sich das Schwarze und Braune aus seinem Antlitz, warf die schlechten Kleider von sich und trat nun in seiner Prinzentracht hervor, so schön, dass die Prinzessin sich verneigen musste.

»Ich bin dahingekommen, dich zu verachten!«, sagte er. »Du wolltest keinen ehrlichen Prinzen haben! Du verstandest dich nicht auf die Rose und die Nachtigall, aber den Schweinehirten konntest du für eine Spielerei küssen. Das hast du nun dafür!«

Und dann ging er in sein Königreich hinein; da konnte sie draußen ihr Lied singen: »Ach, du lieber Augustin, alles ist hin, hin, hin!«

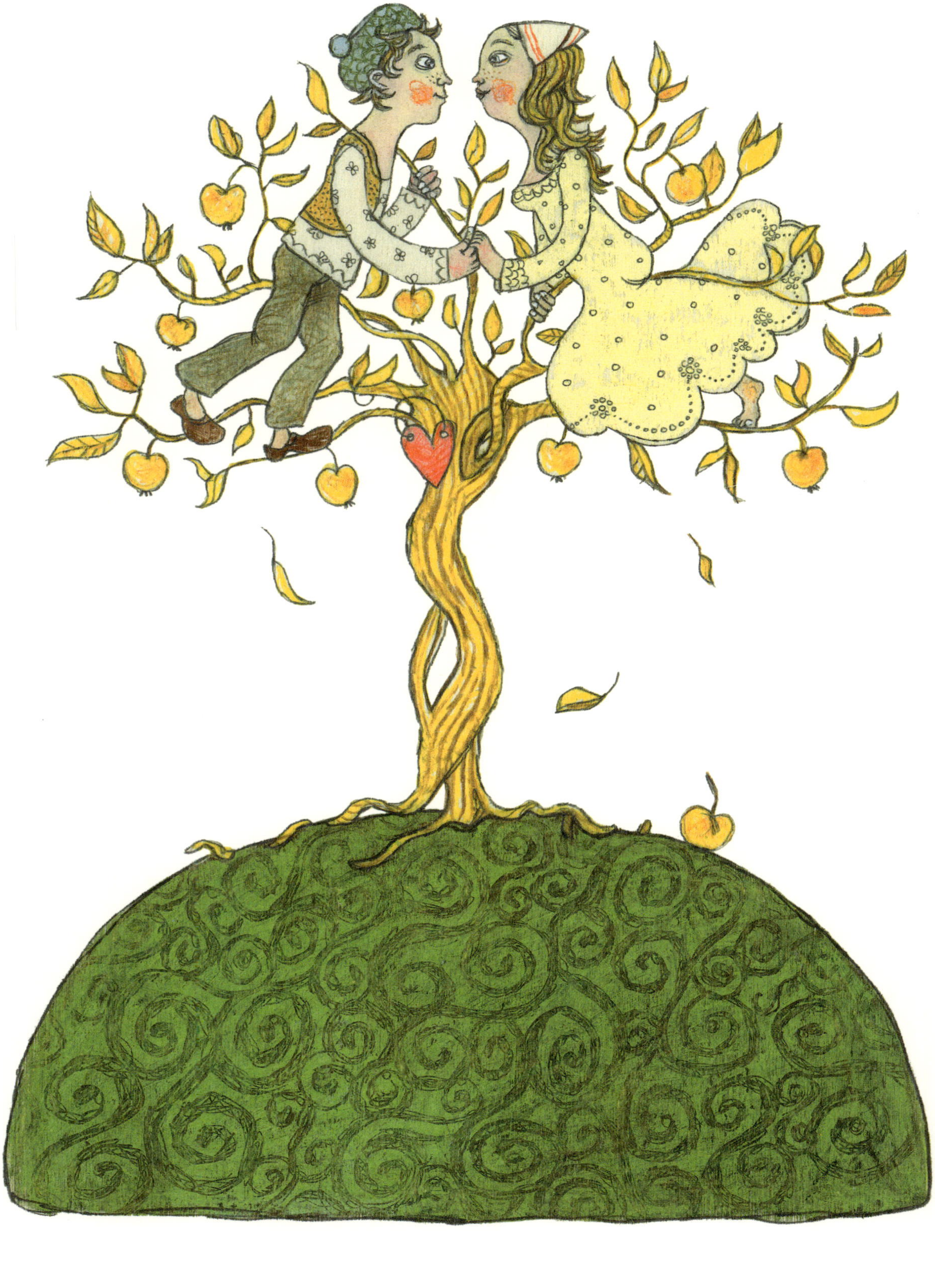

Der goldene Baum

Ein Märchen aus Rumänien, neu erzählt

Es war einmal ein König, der hatte einen Apfelbaum aus Gold in seinem Garten. Die Äste und Zweige des Baumes strahlten und leuchteten in der Sonne.

Von Jahr zu Jahr wurde der Baum größer. Er wuchs und wuchs, bis er den Himmel erreichte. Bald waren die goldenen Blätter gar nicht mehr zu sehen, die Wolken verdeckten sie. Der König stand oft in seinem Garten und schaute seinen wundersamen Baum an. Er hatte Angst, selbst so hoch hinaufzusteigen, und doch hätte er gerne gewusst, was es da oben im Himmel zu sehen gab.

Bald ließ er im ganzen Land verkünden: »Wer auf dem goldenen Baum in den Himmel steigt und dem König zwei goldene Blätter bringt, der wird reich belohnt und er darf die schöne Prinzessin zur Frau nehmen!«

Viele kamen und versuchten ihr Glück. Einer war nicht ganz schwindelfrei und kehrte bald wieder um. Ein anderer machte einen falschen Schritt und landete mit großem Geschrei im nahen See. Einem wurde mitten auf dem Weg angst und bang. Er konnte nicht weiter und nicht zurück. So blieb er drei Tage und drei Nächte auf einem Ast sitzen, bis er endlich den Mut fand, wieder abwärtszuklettern. Keinem wollte es gelingen, auf dem Apfelbaum bis in den Himmel zu steigen.

Da kam ein junger Schafhirte beim Schloss des Königs vorbei. Er legte seinen Umhang ab, spuckte in die Hände und begann, langsam auf den Baum zu steigen. Flink wie ein Eichhörnchen kletterte er den Stamm hoch und bald war er nicht mehr zu sehen. Zuerst verschwand sein Kopf zwischen den Wolken, dann war auch kein Bein mehr zu sehen.

Als er an der Spitze des Baumes angekommen war, sah er einen Fußweg, der führte geradewegs in den Himmel hinein. Er ging und ging und kam zu einem Schloss. In einem großen Saal stand ein goldenes Bett, und auf dem Bett schlief das schönste Mädchen, das der Hirte je gesehen hatte. Er ging auf Zehenspitzen zu ihr und gab ihr einen Kuss auf beide Wangen. Sie schlug die Augen auf und sah ihn lange an.

»Ich habe auf dich gewartet«, sagte sie freundlich. »Wenn du niemandem sagst, dass du mich gesehen hast, dann komme ich in zwei Jahren zu dir und werde deine Frau. Aber – du darfst kein Wort sagen!«

»So machen wir es!«, rief der Hirte glücklich. Er rannte zum Baum zurück, pflückte rasch zwei goldene Blätter und stieg die Äste und Zweige hinab, bis er wieder auf der Erde war. Er rannte zum König und brachte ihm die zwei goldenen Blätter.

»Was hast du gesehen, da oben im Himmel?«, fragte der König neugierig. »Erzähl mir alles! Und dann wollen wir Hochzeit feiern! Du bekommst die Prinzessin zur Frau!«

»Das ... das geht nicht«, sagte der Hirte. »Ich habe nämlich da oben im Himmel eine Frau gesehen, auf einem goldenen Bett, und sie ist die Schönste von allen, und sie hat gesagt ...«

Da erschien ein goldenes Leuchten im Zimmer und das Mädchen aus dem Himmel tauchte kurz auf. Traurig schaute sie den jungen Hirten an, dann verschwand sie.

»Ich hätte nichts sagen dürfen!«, rief der Hirte erschrocken, aber es war zu spät.

Er rannte zurück zum goldenen Baum und begann hinaufzuklettern. Er musste mit ihr sprechen, er musste sich bei ihr entschuldigen!

Aber seltsam – jeder Schritt fiel ihm unendlich schwer, er rutschte ab, fand keinen Halt, nur ganz langsam kam er voran. Sieben Jahre brauchte er, um noch einmal auf den goldenen Baum zu klettern.

Als er oben angelangt war, lief er sogleich zum Schloss mit dem goldenen Bett. Dort saß das schöne Mädchen und lächelte. »Da bist du ja!«, sagte sie nur, dann nahm sie seine Hand.

Sieben Jahre hatte er für den Aufstieg gebraucht, in sieben Minuten waren sie beide wieder auf Erden.

Sie gingen zu seinem Haus, und man erzählt sich, dass sie ein langes und glückliches Leben miteinander verbrachten.

Wer weiß, vielleicht wohnen sie gar nicht weit von dir und du hast sie schon oft gesehen ...

Hans Christian Andersen

Tölpel-Hans

Tief im Innern des Landes lag ein alter Herrenhof; dort war ein Gutsherr, der zwei Söhne hatte, die sich so witzig und gewitzigt dünkten, dass die Hälfte genügt hätte. Sie wollten sich nun um die Königstochter bewerben, denn die hatte öffentlich anzeigen lassen, sie wolle den zum Ehegemahl wählen, der seine Worte am besten zu stellen wisse.

Die beiden bereiteten sich nun volle acht Tage auf die Bewerbung vor, die längste, aber allerdings auch genügende Zeit, die ihnen vergönnt war, denn sie hatten Vorkenntnisse, und wie nützlich die sind, weiß jedermann. Der eine wusste das ganze lateinische Wörterbuch und nebenbei auch drei Jahrgänge vom Tageblatte des Städtchens auswendig, und zwar so, dass er alles von vorne und hinten, je nach Belieben, hersagen konnte. Der andere hatte sich in die Innungsgesetze hineingearbeitet und wusste auswendig, was jeder Innungsvorstand wissen muss, weshalb er auch meinte, er könne bei Staatsangelegenheiten mitreden und seinen Senf dazugeben; ferner verstand er noch eins: Er konnte Hosenträger mit Rosen und anderen Blümchen und Schnörkeleien besticken, denn er war auch fein und fingerfertig.

»Ich bekomme die Königstochter!«, riefen sie alle beide, und so schenkte der alte Papa einem jeden von ihnen ein prächtiges Pferd. Derjenige, welcher das Wörterbuch und das Tageblatt auswendig wusste, bekam einen Rappen, der Innungskluge erhielt ein milchweißes Pferd, und dann schmierten sie sich die Mundwinkel mit Fischtran ein, damit sie recht geschmeidig würden.

Das ganze Gesinde stand unten im Hofraume und war Zeuge, wie sie die Pferde bestiegen, und wie von ungefähr kam auch der dritte Bruder hinzu, denn der alte Gutsherr hatte drei Söhne, aber niemand zählte diesen dritten mit zu den anderen Brüdern, weil er nicht so gelehrt wie diese war, und man nannte ihn auch gemeinhin Tölpel-Hans.

»Ei!«, sagte Tölpel-Hans. »Wo wollt ihr hin? Ihr habt euch ja in den Sonntagsstaat geworfen!«

»Zum Hofe des Königs, uns die Königstochter zu erschwatzen! Weißt du denn nicht, was dem ganzen Lande bekannt gemacht ist?« Und nun erzählten sie ihm den Zusammenhang.

»Ei, der tausend! Da bin ich auch dabei!«, rief Tölpel-Hans, und die Brüder lachten ihn aus und ritten davon.

»Väterchen!«, schrie Tölpel-Hans. »Ich muss auch ein Pferd haben. Was ich für eine Lust zum Heiraten kriege! Nimmt sie mich, so nimmt sie mich, und nimmt sie mich nicht, so nehme ich sie – kriegen tu ich sie!«

»Lass das Gewäsch!«, sagte der Alte. »Dir gebe ich kein Pferd. Du kannst ja nicht reden, du weißt ja deine Worte nicht zu stellen; nein, deine Brüder, ah, das sind ganz andere Kerle.«

»Nun«, sagte Tölpel-Hans, »wenn ich kein Pferd haben kann, so nehme ich den Ziegenbock, der gehört mir sowieso, und tragen kann er mich auch!«

Und gesagt, getan. Er setzte sich rittlings auf den Ziegenbock, presste die Hacken in dessen Weichen ein und sprengte davon, die große Hauptstraße wie ein Sturmwind dahin. Hei, hopp! Das war eine Fahrt!

»Hier komm ich!«, schrie Tölpel-Hans und sang, dass es weit und breit widerhallte.

Aber die Brüder ritten ihm langsam voraus; sie sprachen kein Wort, sie mussten sich alle die guten Einfälle überlegen, die sie vorbringen wollten, denn das sollte alles recht fein ausspekuliert sein!

»Hei!«, schrie Tölpel-Hans. »Hier bin ich! Seht mal, was ich auf der Landstraße fand!« Und er zeigte ihnen eine tote Krähe, die er aufgehoben hatte.

»Tölpel!«, sprachen die Brüder. »Was willst du mit der machen?«

»Mit der Krähe? – Die will ich der Königstochter schenken!«

»Ja, das tu nur!«, lachten sie.

»Hei – hopp! Hier bin ich! Seht, was ich jetzt habe, das findet man nicht alle Tage auf der Landstraße!«

Und die Brüder kehrten um, damit sie sähen, was er wohl noch haben könnte.

»Tölpel!«, sagten sie. »Das ist ja ein alter Holzschuh, dem noch dazu das Oberteil fehlt; wirst du auch den der Königstochter schenken?«

»Wohl werde ich das!«, erwiderte Tölpel-Hans; und die Brüder lachten und ritten davon; sie gewannen einen großen Vorsprung.

»Hei hoppsassa! Hier bin ich!«, rief Tölpel-Hans. »Nein, es wird immer besser! Heißa! Nein! Es ist ganz famos!«

»Was hast du denn jetzt?«, fragten die Brüder.

»Oh«, sagte Tölpel-Hans, »das ist gar nicht zu sagen! Wie wird sie erfreut sein, die Königstochter.«

»Pfui!«, sagten die Brüder. »Das ist ja reiner Schlamm, unmittelbar aus dem Graben.«

»Ja, freilich ist es das!«, sprach Tölpel-Hans. »Und zwar von der feinsten Sorte, seht, er läuft einem gar durch die Finger durch!«, und dabei füllte er seine Tasche mit dem Schlamm.

Allein, die Brüder sprengten dahin, dass Kies und Funken stoben, deshalb gelangten sie auch eine ganze Stunde früher als Tölpel-Hans an das Stadttor. An diesem bekamen alle Freier sofort nach ihrer Ankunft Nummern und wurden in Reih und Glied geordnet, sechs in jede Reihe, und so eng zusammengedrängt, dass sie die Arme nicht bewegen konnten; das war sehr weise so eingerichtet, denn sie hätten einander wohl sonst das Fell über die Ohren gezogen, bloß weil der eine vor dem andern stand.

Die ganze Volksmenge des Landes stand rings um das königliche Schloss in dichten Massen zusammengedrängt, bis an die Fenster hinauf, um die Königstochter die Freier empfangen zu sehen; je nachdem einer von diesen in den Saal trat, ging ihm die Rede aus wie ein Licht.

»Der taugt nichts!«, sprach die Königstochter. »Fort, hinaus mit ihm!«

Endlich kam die Reihe an denjenigen der Brüder, der das Wörterbuch auswendig wusste, aber er wusste es nicht mehr; er hatte es ganz vergessen in Reih und Glied; und die Fußdielen knarrten, und die Zimmerdecke war von lauter Spiegelglas, dass er sich selber auf dem Kopfe stehen sah, und an jedem Fenster standen drei Schreiber und ein Oberschreiber, und jeder schrieb alles nieder, was gesprochen wurde, damit es sofort in die Zeitung käme und für einen Silbergroschen an der Straßenecke verkauft werde. Es war entsetzlich, und dabei hatten sie dermaßen in den Ofen eingeheizt, dass er glühend war.

»Hier ist eine entsetzliche Hitze, hier!«, sprach der Freier.

»Jawohl! Mein Vater bratet aber auch heute junge Hähne!«, sagte die Königstochter.

»Mäh!« Da stand er wie ein Mähäh; auf solche Rede war er nicht gefasst gewesen; kein Wort wusste er zu sagen, obgleich er etwas Witziges hatte sagen wollen. »Mäh!«

»Taugt nichts!«, sprach die Königstochter. »Fort, hinaus mit ihm!« Und aus musste er.

Nun trat der andere Bruder ein.

»Hier ist eine entsetzliche Hitze!«, sagte er.

»Jawohl, wir braten heute junge Hähne!«, bemerkte die Königstochter.

»Wie be – wie?«, sagte er, und die Schreiber schrieben: *Wie be – wie?*

»Taugt nichts!«, sagte die Königstochter. »Fort, hinaus mit ihm!«

Nun kam Tölpel-Hans dran; er ritt auf dem Ziegenbocke geradeswegs in den Saal hinein.

»Na, das ist doch eine Mordshitze hier!«, sagte er.

»Jawohl, ich brate aber auch junge Hähne!«, sagte die Königstochter.

»Ei, das ist schön!«, erwiderte Tölpel-Hans. »Dann kann ich wohl eine Krähe mitbraten?«

»Mit dem größten Vergnügen!«, sprach die Königstochter. »Aber haben Sie etwas, worin Sie braten können? Denn ich habe weder Topf noch Tiegel.«

»Oh, das hab ich!«, sagte Tölpel-Hans. »Hier ist Kochgeschirr mit zinnernem Bügel«, und er zog den alten Holzschuh hervor und legte die Krähe hinein.

»Das ist ja eine ganze Mahlzeit«, sagte die Königstochter, »aber wo nehmen wir die Brühe her?«

»Die habe ich in der Tasche!«, sprach Tölpel-Hans. »Ich habe so viel, dass ich sogar etwas davon wegwerfen kann!« Und nun goss er etwas Schlamm aus der Tasche heraus.

»Das gefällt mir!«, sagte die Königstochter. »Du kannst doch antworten, und du kannst reden, und ich will dich zum Manne haben! – Aber weißt du auch, dass jedes Wort, das wir sprechen und gesprochen haben, niedergeschrieben wird und morgen in die Zeitung kommt? An jedem Fenster, siehst du, stehen drei Schreiber und ein alter Oberschreiber, und dieser alte Oberschreiber ist noch der Schlimmste, denn er kann nichts begreifen!«

Und das sagte sie nur, um Tölpel-Hans zu ängstigen. Und die Schreiber wieherten und spritzten dabei jeder einen Tintenklecks auf den Fußboden.

»Ah, das ist also die Herrschaft!«, sagte Tölpel-Hans. »Nun, so werde ich dem Oberschreiber das Beste geben!« Und damit kehrte er seine Taschen um und warf ihm den Schlamm gerade ins Gesicht.

»Das war fein gemacht!«, sagte die Königstochter. »Das hätte ich nicht tun können, aber ich werde es schon lernen!«

Tölpel-Hans wurde König, bekam eine Frau und eine Krone und saß auf einem Throne, und das haben wir ganz nass aus der Zeitung des Oberschreibers und Schreiberinnungsmeisters – und auf die ist zu bauen.

»Da war es ihm so leicht
um das Herz ...«

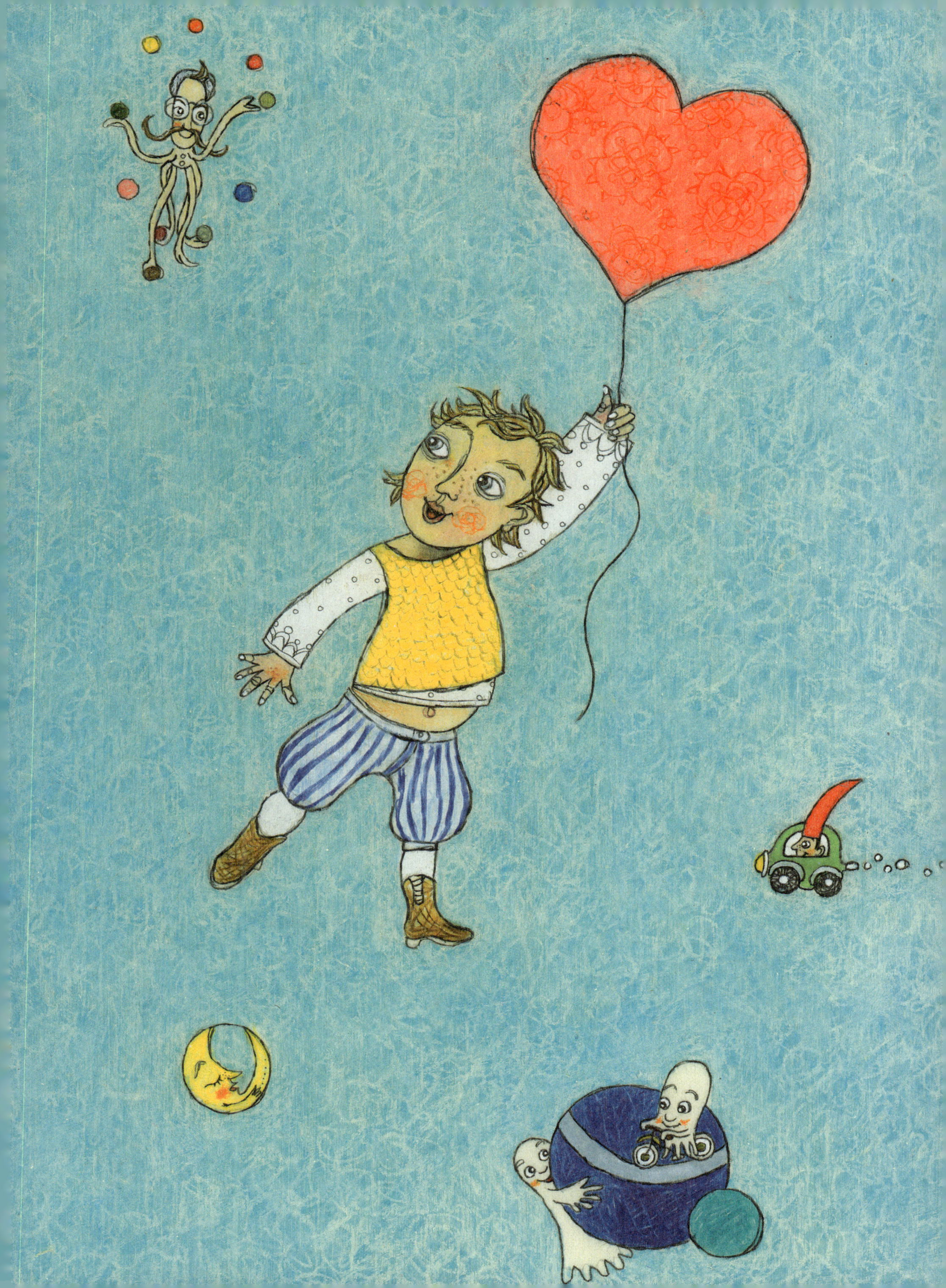

Brüder Grimm

Sechse kommen durch die ganze Welt

Es war einmal ein Mann, der verstand allerlei Künste. Er diente im Krieg und hielt sich brav und tapfer, aber als der Krieg zu Ende war, bekam er den Abschied und drei Heller Zehrgeld auf den Weg.

»Wart«, sprach er, »das lasse ich mir nicht gefallen. Finde ich die rechten Leute, so soll mir der König noch die Schätze des ganzen Landes herausgeben.«

Da ging er voll Zorn in den Wald und sah einen darin stehen, der hatte sechs Bäume ausgerupft, als wären's Kornhalme. Sprach er zu ihm: »Willst du mein Diener sein und mit mir ziehen?«

»Ja«, antwortete er, »aber erst will ich meiner Mutter das Wellchen Holz heimbringen«, und nahm einen von den Bäumen und wickelte ihn um die fünf andern, hob die Welle auf die Schulter und trug sie fort.

Dann kam er wieder und ging mit seinem Herrn, der sprach: »Wir zwei sollten wohl durch die ganze Welt kommen.«

Und als sie ein Weilchen gegangen waren, fanden sie einen Jäger, der lag auf den Knien, hatte die Büchse angelegt und zielte.

Sprach der Herr zu ihm: »Jäger, was willst du schießen?«

Er antwortete: »Zwei Meilen von hier sitzt eine Fliege auf dem Ast eines Eichbaumes, der will ich das linke Auge herausschießen.«

»Oh, geh mit mir«, sprach der Mann, »wenn wir drei zusammen sind, sollten wir wohl durch die ganze Welt kommen.«

Der Jäger war bereit und ging mit ihm, und sie kamen zu sieben Windmühlen, deren Flügel trieben ganz hastig herum, und ging doch links und rechts kein Wind und bewegte sich kein Blättchen.

Da sprach der Mann: »Ich weiß nicht, was die Windmühlen treibt, es regt sich ja kein Lüftchen«, und ging mit seinen Dienern weiter, und als

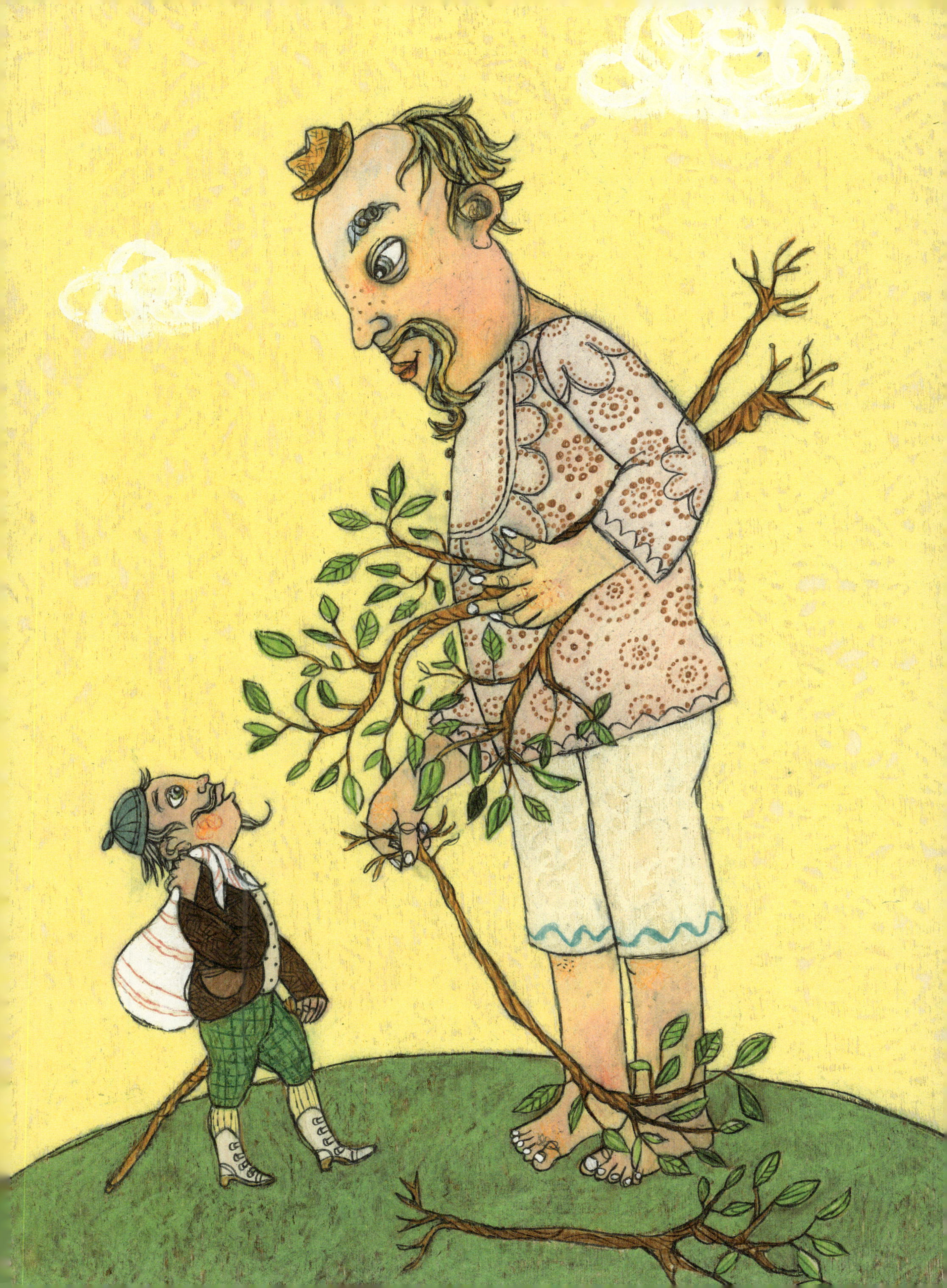

sie zwei Meilen fortgegangen waren, sahen sie einen auf einem Baum sitzen, der hielt das eine Nasenloch zu und blies aus dem andern.

»Mein! Was treibst du da oben?«, fragte der Mann.

Er antwortete: »Zwei Meilen von hier stehen sieben Windmühlen, seht, die blase ich an, dass sie laufen.«

»Oh, geh mit mir«, sprach der Mann, »wenn wir vier zusammen sind, sollten wir wohl durch die ganze Welt kommen!«

Da stieg der Bläser herab und ging mit, und über eine Zeit sahen sie einen, der stand da auf einem Bein und hatte das andere abgeschnallt und neben sich gelegt. Da sprach der Herr: »Du hast dir's ja bequem gemacht zum Ausruhen.«

»Ich bin ein Läufer«, antwortete er, »und damit ich nicht gar zu schnell springe, habe ich mir das eine Bein abgeschnallt. Wenn ich mit zwei Beinen laufe, so geht's geschwinder, als ein Vogel fliegt.«

»Oh, geh mit mir, wenn wir fünf zusammen sind, sollten wir wohl durch die ganze Welt kommen!«

Da ging er mit, und gar nicht lang, so begegneten sie einem, der hatte ein Hütchen auf, hatte es aber ganz auf dem einen Ohr sitzen. Da sprach der Herr zu ihm: »Manierlich! Manierlich! Häng deinen Hut doch nicht auf ein Ohr, du siehst ja aus wie ein Hansnarr.«

»Ich darf's nicht tun«, sprach der andere, »denn setz ich meinen Hut gerad, so kommt ein gewaltiger Frost, und die Vögel unter dem Himmel erfrieren und fallen tot zur Erde.«

»Oh, geh mit mir«, sprach der Herr, »wenn wir sechs zusammen sind, sollten wir wohl durch die ganze Welt kommen!«

Nun gingen die sechse in eine Stadt, wo der König hatte bekannt machen lassen, wer mit seiner Tochter in die Wette laufen wollte und den Sieg davontrüge, der sollte ihr Gemahl werden; wer aber verlöre, müsste auch seinen Kopf hergeben.

Da meldete sich der Mann und sprach: »Ich will aber meinen Diener für mich laufen lassen.«

Der König antwortete: »Dann musst du auch noch dessen Leben zum Pfand setzen, also dass sein und dein Kopf für den Sieg haften.«

Als das verabredet und festgemacht war, schnallte der Mann dem Läufer das andere Bein an und sprach zu ihm: »Nun sei hurtig und hilf, dass wir siegen!«

Es war aber bestimmt, dass, wer am Ersten Wasser aus einem weit abgelegenen Brunnen brächte, der sollte Sieger sein. Nun bekam der Läufer einen Krug und die Königstochter auch einen, und sie fingen zu gleicher Zeit zu laufen an; aber in einem Augenblick, als die Königstochter erst eine kleine Strecke fort war, konnte den Läufer schon kein Zuschauer mehr sehen, und es war nicht anders, als wäre der Wind vorbeigesaust. In kurzer Zeit langte er bei dem Brunnen an, schöpfte den Krug voll Wasser und kehrte wieder um. Mitten aber auf dem Heimweg überkam ihn eine Müdigkeit, da setzte er den Krug hin, legte sich nieder und schlief ein. Er hatte aber einen

Pferdeschädel, der da auf der Erde lag, zum Kopfkissen gemacht, damit er hart läge und bald wieder erwache.

Indessen war die Königstochter, die auch gut laufen konnte, so gut es gerade ein gewöhnlicher Mensch vermag, bei dem Brunnen angelangt und eilte mit ihrem Krug voll Wasser zurück; und als sie den Läufer da liegen und schlafen sah, war sie froh und sprach: »Der Feind ist in meine Hände gegeben«, leerte seinen Krug aus und sprang weiter.

Nun wäre alles verloren gewesen, wenn nicht zum guten Glück der Jäger mit seinen scharfen Augen oben auf dem Schloss gestanden und alles mit angesehen hätte. Da sprach er: »Die Königstochter soll doch gegen uns nicht aufkommen«, lud seine Büchse und schoss so geschickt, dass er dem Läufer den Pferdeschädel unterm Kopf wegschoss, ohne ihm wehzutun. Da erwachte der Läufer, sprang in die Höhe und sah, dass sein Krug leer und die Königstochter schon weit voraus war. Aber er verlor den Mut nicht, lief mit dem Krug wieder zum Brunnen zurück, schöpfte aufs Neue Wasser und war noch zehn Minuten eher als die Königstochter daheim.

»Seht ihr«, sprach er, »jetzt hab ich erst die Beine aufgehoben, vorher war's gar kein Laufen zu nennen.«

Den König aber kränkte es und seine Tochter noch mehr, dass sie so ein gemeiner abgedankter Soldat davontragen sollte; sie ratschlagten miteinander, wie sie ihn samt seinen Gesellen loswürden.

Da sprach der König zu ihr: »Ich habe ein Mittel gefunden, lass dir nicht bang sein, die anderen sollen nicht wieder heimkommen.« Und sprach zu ihnen: »Ihr sollt euch nun zusammen lustig machen, essen und trinken«, und führte sie zu einer Stube, die hatte einen Boden von Eisen, und die Türen waren auch von Eisen, und die Fenster waren mit eisernen Stäben verwahrt. In der Stube war eine Tafel mit köstlichen Speisen besetzt, da sprach der König zu ihnen: »Geht hinein und lasst euch wohl sein!«

Und wie sie darinnen waren, ließ er die Türe verschließen und verriegeln. Dann ließ er den Koch kommen und befahl ihm, ein Feuer so lange unter die Stube zu machen, bis das Eisen glühend würde. Das tat der Koch, und es ward den sechsen in der Stube, während sie an der Tafel saßen, ganz warm, und sie meinten, das käme vom Essen; als aber die Hitze immer größer ward und sie hinauswollten, Tür und Fenster aber verschlossen fanden, da merkten sie, dass der König Böses im Sinne gehabt hatte und sie ersticken wollte. »Es soll ihm aber nicht gelingen«, sprach der mit dem Hütchen, »ich will einen Frost kommen lassen, von dem sich das Feuer schämen und verkriechen soll.« Da setzte er sein Hütchen gerade, und alsobald fiel ein Frost, dass alle Hitze verschwand und die Speisen auf den Schüsseln anfingen zu frieren.

Als nun ein paar Stunden herum waren und der König glaubte, sie wären in der Hitze verschmachtet, ließ er die Türe öffnen und wollte selbst nach ihnen sehen. Aber wie die Türe aufging, standen sie alle sechse da, frisch und gesund, und sagten, es wäre ihnen lieb, dass sie herauskönnten, sich zu wärmen, denn bei der großen Kälte in der Stube frören die Speisen an den Schüsseln fest. Da ging der König voll Zorn hinab zu dem Koch, schalt ihn und fragte, warum er nicht getan hätte, was ihm wäre befohlen worden. Der Koch aber antwortete: »Es ist Glut genug da, seht nur selbst.« Da sah der König, dass ein gewaltiges Feuer unter der Eisenstube brannte, und merkte, dass er den sechsen auf diese Weise nichts anhaben konnte. Nun sann der König aufs Neue, wie er die bösen Gäste loswürde, ließ den Meister kommen und sprach: »Willst du Gold nehmen und dein Recht auf meine Tochter aufgeben, so sollst du haben, so viel du willst.«

»Oh ja, Herr König«, antwortete er, »gebt mir so viel, als mein Diener tragen kann, so verlange ich Eure Tochter nicht.« Da war der König zufrieden, und jener sprach weiter: »So will ich in vierzehn Tagen kommen und es holen.« Darauf rief er alle Schneider aus dem ganzen Reich herbei, die mussten vierzehn Tage lang sitzen und einen Sack nähen. Und als er fertig war, musste der Starke, welcher Bäume ausrupfen konnte, den Sack auf die Schulter nehmen und mit ihm zu dem König gehen.

Da sprach der König: »Was ist das für ein gewaltiger Kerl, der den hausgroßen Ballen Leinwand auf der Schulter trägt?«, erschrak und dachte: Was wird der für Gold wegschleppen! Da hieß er eine Tonne Gold herbeibringen, die mussten sechzehn der stärksten Männer tragen, aber der Starke packte sie mit einer Hand, steckte sie in den Sack und sprach: »Warum bringt ihr nicht gleich mehr, das deckt ja kaum den Boden.«

Da ließ der König nach und nach seinen ganzen Schatz herbeitragen, den schob der Starke in den Sack hinein, und der Sack ward davon noch nicht zur Hälfte voll. Da mussten noch siebentausend Wagen mit Gold in dem ganzen Reich zusammengefahren werden, die schob der Starke samt den vorgespannten Ochsen in seinen Sack. »Ich will's nicht lange besehen«, sprach er, »und nehmen, was kommt, damit der Sack nur voll wird.« Wie alles darin stak, ging doch noch viel hinein; da sprach er: »Ich will dem

Ding nun ein Ende machen, man bindet wohl einmal einen Sack zu, wenn er auch noch nicht voll ist.«

Dann huckte er ihn auf den Rücken und ging mit seinen Gesellen fort. Als der König nun sah, wie der einzige Mann des ganzen Landes Reichtum forttrug, ward er zornig und ließ seine Reiterei aufsitzen, die sollte den sechsen nachjagen und hatte den Befehl, dem Starken den Sack wieder abzunehmen. Zwei Regimenter holten sie bald ein und riefen ihnen zu: »Ihr seid Gefangene, legt den Sack mit dem Gold nieder oder ihr werdet zusammengehauen!«

»Was sagt ihr?«, sprach der Bläser, »wir wären Gefangene? Eher sollt ihr sämtlich in der Luft herumtanzen«, hielt das eine Nasenloch zu und blies mit dem andern die beiden Regimenter an, da fuhren sie auseinander und in die blaue Luft über alle Berge weg, der eine hierhin, der andere dorthin. Ein Feldwebel rief um Gnade, er hätte neun Wunden und wäre ein braver Kerl, der den Schimpf nicht verdiente. Da ließ der Bläser ein wenig nach, sodass er ohne Schaden wieder herabkam, dann sprach er zu ihm: »Nun geh heim zum König und sag, er sollte nur noch mehr Reiterei schicken, ich wollte sie alle in die Luft blasen.«

Der König, als er den Bescheid vernahm, sprach: »Lasst die Kerle gehen, die haben etwas an sich.«

Da brachten die sechse den Reichtum heim, teilten ihn unter sich und lebten vergnügt bis an ihr Ende.

Die zwei Drachen, der Löwe und der Fuchs

Ein Märchen aus der Karibik, neu erzählt

Es war einmal ein Königspaar, das hatte zwei Kinder, eine Prinzessin und einen Prinz, und beide waren der ganze Stolz des Königreichs.

In diesem Land lebten aber auch zwei Drachen. Auch sie hätten gern zwei Kinder gehabt …

Eines Morgens – die Prinzessin und der Prinz waren beim Spielen im Garten – entführten die beiden Drachen die beiden Königskinder und brachten sie in ihre Höhle.

Der König war vor Trauer außer sich. Er ließ alle mutigen Männer des Landes zu sich kommen und versprach ihnen die Hand der Prinzessin und das halbe Königreich dazu, wenn es nur gelänge, seine beiden Kinder heil zurückzubringen. Viele versuchten es, aber keiner kehrte aus dem Tal der Drachen zurück.

Auch ein Ritter aus einem Nachbarland meldete sich. Er wollte gern sein Glück versuchen! Also bestieg er sein Pferd, pfiff nach seinem Jagdhund und machte sich auf die Reise zur Höhle der Drachen.

In einem Wald traf er auf einen Fuchs, der struppig und schmal am Wegesrand saß.

»Fuchs, was ist dir?«, fragte der Ritter freundlich.

»Ich sterbe vor Hunger!«, rief der Fuchs. »Gib mir zu essen und du wirst es nicht bereuen.«

Da stieg der Ritter vom Pferd, und weil er sonst keinen Ausweg sah, tötete er seinen Jagdhund und gab dem Fuchs vom Fleisch zu essen.

Der Fuchs aß das Fleisch, die Knochen des Hundes aber vergrub er sorgfältig im Sand.

»Wenn du in Not bist, dann ruf nach mir«, sagte der Fuchs, bevor er im Dickicht verschwand.

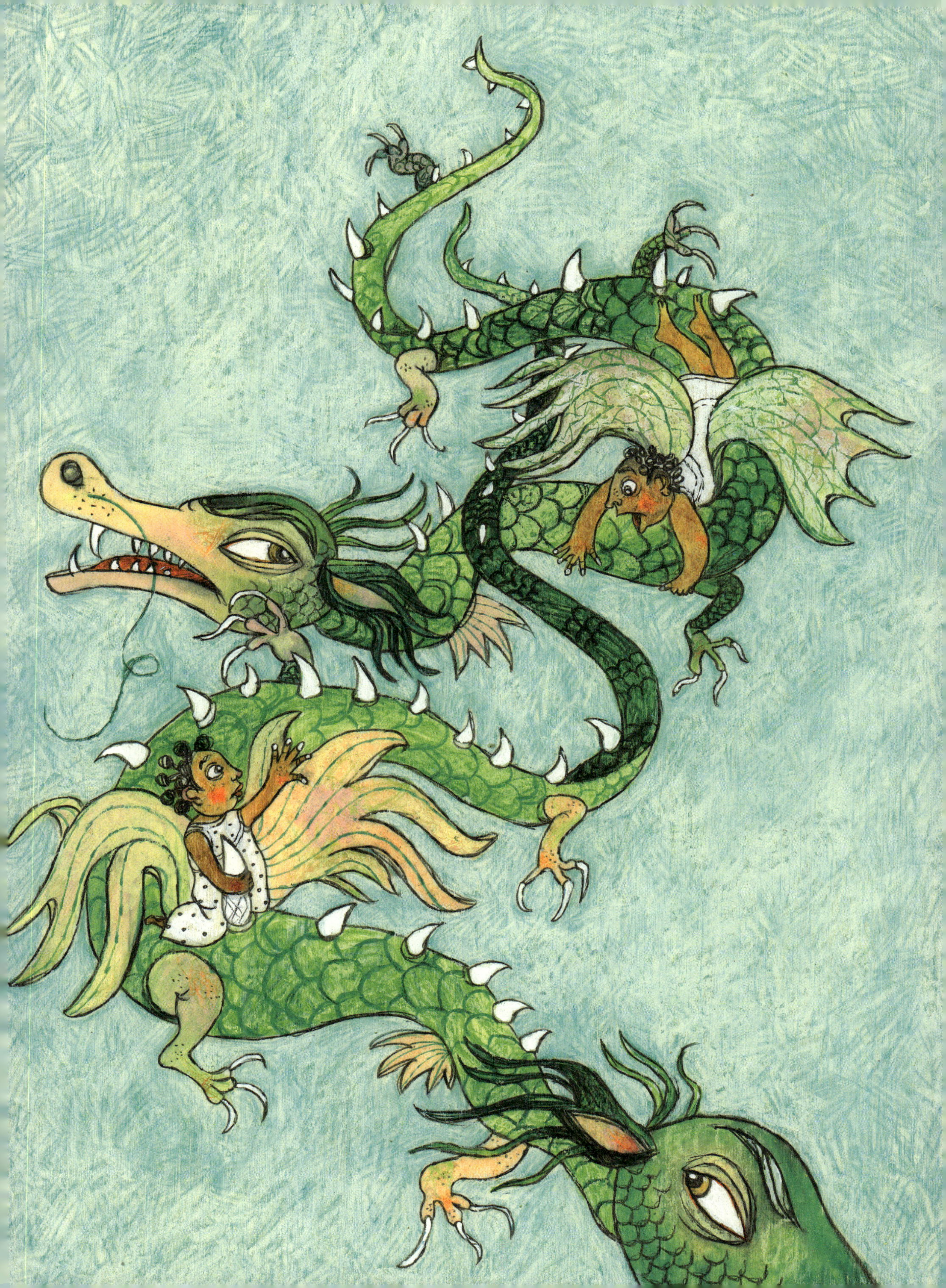

Am nächsten Tag traf der Ritter auf einen Löwen, der abgemagert und müde am Wegesrand lag.

»Löwe, was ist dir?«, fragte der Ritter freundlich.

»Ich sterbe vor Hunger!«, rief der Löwe. »Gib mir zu essen, und du wirst es nicht bereuen!«

Da stieg der Ritter vom Pferd, und weil er sonst keinen Ausweg sah, tötete er sein Pferd und gab dem Löwen vom Fleisch zu essen.

Der Löwe aß das Fleisch, die Knochen des Pferdes aber vergrub er sorgfältig im Sand.

»Wenn du in Not bist, dann ruf nach mir«, sagte der Löwe, bevor er im hohen Gras verschwand.

Der Ritter musste zu Fuß weitergehen.

Endlich stand er vor der Höhle der Drachen. Ein Drache lag vor dem Eingang und schlief. An ihm gab es kein Vorbeikommen.

Da rief der Ritter leise nach dem Fuchs. Sogleich erschien der Fuchs, und der Ritter erzählte ihm von den geraubten Königskindern.

»Ich weiß, wie wir in die Höhle kommen«, sagte der Fuchs und grub einen schmalen Gang durch den Berg.

Bald standen sie in der Höhle. Der zweite Drache hütete die Königskinder.

Sogleich begann ein furchtbarer Kampf zwischen dem Drachen und dem Ritter.

Immer wenn dem Ritter ein Schlag gegen den Drachen gelang, kam ein Schwarm Hornissen und stürzte sich auf ihn. Da blies der Fuchs auf die Hornissen und sie zerfielen zu Staub.

Als der zweite Drache den Kampfeslärm hörte, stürzte auch er sich auf den Ritter. Der rief rasch nach dem Löwen, und mit einem gewaltigen Satz war der Löwe in der Höhle und versetzte dem Drachen einen Hieb mit seiner Pranke. Gemeinsam drängten der Löwe und der Ritter die beiden Drachen aus der Höhle und an den Rand eines Felsen. Der Löwe brüllte noch einmal gewaltig und der Ritter schwang sein Schwert – da kamen beide Drachen ins Wanken und mit einem lauten Schrei stürzten sie in die Tiefe.

Die beiden Königskinder hatten sich in der hintersten Ecke der Höhle versteckt. Erleichtert fielen sie dem Ritter nun um den Hals.

Gemeinsam machten sich die Prinzessin und der Prinz, der Ritter, der Löwe und der Fuchs auf den Weg zum Schloss.

An einer Stelle im Wald holte der Löwe die Knochen des Pferdes aus dem Sand. An einer anderen Stelle im Wald holte der Fuchs die Knochen des Hundes aus dem Sand. Der Fuchs blies auf die Knochen, und da standen das Pferd und der Jagdhund gesund und munter vor ihnen.

»Unsere Aufgabe ist getan«, riefen der Fuchs und der Löwe, und schon waren sie zwischen den Bäumen verschwunden.

Der Ritter setzte die beiden Königskinder auf sein Pferd, sein Jagdhund lief vergnügt neben ihnen her und so kamen sie wohlbehalten ins Schloss.

Es dauerte nicht lange, und die Prinzessin und der Ritter feierten Hochzeit. Es gab ein Fest, das viele Tage lang dauerte, und es wird erzählt, dass sogar ein Löwe und ein Fuchs gekommen waren, um mitzufeiern ...

Justinus Kerner

Goldener

Es sind wohl zweitausend Jahre oder noch länger, da hat in einem dichten Walde ein armer Hirt gelebt, der hatte sich ein bretternes Haus mitten im Walde erbaut, darin wohnte er mit seinem Weib und sechs Kindern; die waren alle Knaben. An dem Hause war ein Ziehbrunnen und ein Gärtlein, und wenn der Vater das Vieh hütete, so gingen die Kinder hinaus und brachten ihm zu Mittag oder zu Abend einen kühlen Trunk aus dem Brunnen oder ein Gericht aus dem Gärtlein.

Den jüngsten der Knaben riefen die Eltern nur »Goldener«, denn seine Haare waren wie Gold, und obgleich der jüngste, so war er doch der stärkste von allen und der größte.

Sooft die Kinder hinausgingen, so ging Goldener mit einem Baumzweige voran; anders wollte keines gehen, denn jedes fürchtete sich, zuerst auf ein Abenteuer zu stoßen; ging aber Goldener voran, so folgten sie freudig eins hinter dem andern nach durch das dunkelste Dickicht, und wenn auch schon der Mond über dem Gebirge stand.

Eines Abends ergötzten sich die Knaben auf dem Rückweg vom Vater mit Spielen im Walde, und Goldener hatte sich vor allen so sehr im Spiele ereifert, dass er so hell aussah wie das Abendrot.

»Lasst uns zurückgehen!«, sprach der Älteste. »Es scheint dunkel zu werden.«

»Seht da, der Mond!«, sprach der Zweite.

Da kam es licht zwischen den dunkeln Tannen hervor, und eine Frauengestalt wie der Mond setzte sich auf einen der moosigen Steine, spann mit einer kristallenen Spindel einen lichten Faden in die Nacht hinaus, nickte mit dem Haupte gegen Goldener und sang: »Der weiße Fink, die goldene Ros', die Königskron' im Meeresschoß.«

Sie hätte wohl noch weitergesungen, da brach ihr der Faden und sie erlosch wie ein Licht. Nun war es ganz Nacht, die Kinder fasste ein Grausen, sie sprangen mit kläglichem Geschrei, das eine dahin, das andere dorthin, über Felsen und Klüfte, und eins verlor das andere.

Wohl viele Tage und Nächte irrte Goldener in dem dicken Wald umher, fand auch weder einen seiner Brüder noch die Hütte seines Vaters, noch sonst die Spur eines Menschen; denn es war der Wald gar dicht verwachsen, ein Berg über den andern gestellt und eine Kluft unter die andere.

Die Braunbeeren, welche überall herumrankten, stillten seinen Hunger und löschten seinen Durst, sonst wär' er gar jämmerlich gestorben. Endlich am dritten Tage, andere sagen gar, erst am sechsten, wurde der Wald hell und immer heller, und da kam er zuletzt hinaus auf eine schöne grüne Wiese.

Da war es ihm so leicht um das Herz und er atmete mit vollen Zügen die freie Luft ein.

Auf derselben Wiese waren Garne ausgelegt, denn da wohnte ein Vogelsteller, der fing die Vögel, die aus dem Wald flogen, und trug sie in die Stadt zu Kaufe. Solch ein Bursch ist mir gerade vonnöten, dachte der Vogelsteller, als er Goldener erblickte, der auf der grünen Wiese nah an den Garnen stand und in den weiten blauen Himmel hineinsah und sich nicht sattsehen konnte.

Der Vogelsteller wollte sich einen Spaß machen, er zog seine Garne – und husch! – war Goldener gefangen und lag unter dem Garne gar erstaunt, denn er wusste nicht, wie das geschehen war.

»So fängt man die Vögel, die aus dem Walde kommen«, sprach der Vogelsteller laut lachend, »deine roten Federn sind mir eben recht. Du bist wohl ein verschlagener Fuchs; bleibe bei mir, ich lehre dich auch, die Vögel fangen.«

Goldener war gleich dabei; ihm deuchte unter den Vögeln ein gar lustig Leben, zumal er ganz die Hoffnung aufgegeben hatte, die Hütte seines Vaters wiederzufinden.

»Lass erproben, was du gelernt hast«, sprach der Vogelsteller nach einigen Tagen zu ihm. Goldener zog die Garne und bei dem ersten Zuge fing er einen schneeweißen Finken.

»Packe dich mit diesem weißen Finken!«, schrie der Vogelsteller. »Du hast es mit dem Bösen zu tun!« Und so stieß er ihn gar unsanft von der Wiese, indem er den weißen Finken, den ihm Goldener gereicht hatte, unter vielen Verwünschungen mit den Füßen zertrat.

Goldener konnte die Worte des Vogelstellers nicht begreifen; er ging getrost wieder in den Wald zurück und nahm sich noch einmal vor, die Hütte seines Vaters zu suchen.

Er lief Tag und Nacht über Felsensteine und alte, gefallene Baumstämme, fiel auch gar oft über die schwarzen Wurzeln, die aus dem Boden überall hervorragten.

Am dritten Tag aber wurde der Wald heller und immer heller, und da kam er endlich hinaus und in einen schönen, lichten Garten, der war voll der lieblichsten Blumen, und weil Goldener so was noch nie gesehen, blieb er voll Verwunderung stehen. Der Gärtner im Garten bemerkte ihn nicht so bald, denn Goldener stand unter den Sonnenblumen, und seine Haare glänzten im Sonnenschein nicht anders als so eine Blume.

»Ha!«, sprach der Gärtner. »Solch einen Burschen hab ich gerade vonnöten«, und schloss das Tor des Gartens. Goldener ließ es sich gefallen, denn ihm deuchte unter den Blumen ein gar buntes Leben, zumal er ganz die Hoffnung aufgegeben hatte, die Hütte seines Vaters wiederzufinden.

»Fort in den Wald!«, sprach der Gärtner eines Morgens zu Goldener. »Hol mir einen wilden Rosenstock, damit ich zahme Rosen darauf pflanze!«

Goldener ging und kam mit einem Stock der schönsten goldfarbenen Rosen zurück, die waren auch nicht anders, als hätte sie der geschickteste Goldschmied für die Tafel eines Königs geschmiedet.

»Packe dich mit diesen goldenen Rosen!«, schrie der Gärtner. »Du hast es mit dem Bösen zu tun!« Und so stieß er ihn gar unsanft aus dem Garten, indem er die goldenen Rosen unter vielen Verwünschungen in die Erde trat.

Goldener konnte die Worte des Gärtners nicht begreifen; er ging getrost wieder in den Wald zurück und nahm sich nochmals vor, die Hütte seines Vaters zu suchen.

Er lief Tag und Nacht von Baum zu Baum, von Fels zu Fels. Am dritten Tag endlich wurde der Wald hell und immer heller, und da kam Goldener hinaus und an das blaue Meer, das lag in einer unermesslichen Weite vor ihm.

Die Sonne spiegelte sich eben in der kristallhellen Fläche, da war es wie fließendes Gold, darauf schwammen schön geschmückte Schiffe mit langen fliegenden Wimpeln. Eine zierliche Fischerbarke stand am Ufer, in die trat Goldener und sah mit Erstaunen in die Helle hinaus.

»Ein solcher Bursch ist uns gerade vonnöten«, sprachen die Fischer – und husch! – stießen sie vom Lande. Goldener ließ es sich gefallen, denn ihm deuchte bei den Wellen ein goldenes Leben, zumal er ganz die Hoffnung aufgegeben hatte, seines Vaters Hütte wiederzufinden. Die Fischer warfen ihre Netze aus und fingen nichts.

»Lass sehen, ob du glücklicher bist!«, sprach ein alter Fischer mit silbernen Haaren zu Goldener. Mit ungeschickten Händen senkte Goldener das Netz in die Tiefe, zog und fischte eine Krone von hellem Golde.

»Triumph!«, rief der alte Fischer und fiel Goldenem zu Füßen. »Ich begrüße dich als unsern König! Vor hundert Jahren versenkte der alte König, welcher keinen Erben hatte, sterbend seine Krone im Meer, und so lange, bis irgendeinen Glücklichen das Schicksal bestimmt hätte, die Krone wieder aus der Tiefe zu ziehen, sollte der Thron ohne Nachfolger in Trauer gehüllt bleiben.«

»Heil unserem König!«, riefen die Fischer und setzten Goldener die Krone auf. Die Kunde von Goldener und der wiedergefundenen Königskrone erscholl bald von Schiff zu Schiff und über das Meer weit in das Land hinein. Da war die goldene Fläche bald mit bunten Nachen bedeckt und mit Schiffen, die mit Blumen und Laubwerk geziert waren; diese begrüßten alle mit lautem Jubel das Schiff, auf welchem König Goldener stand.

Er stand, die helle Krone auf dem Haupte, am Vorderteile des Schiffes und sah ruhig der Sonne zu, wie sie im Meere erlosch.

Die Strohhüte im Schnee

Ein Märchen aus Japan, neu erzählt

Es waren einmal ein alter Mann und seine alte Frau. Der Mann flocht Strohhüte, doch es wurde immer schwieriger, Geld damit zu verdienen. Sie hatten wenig zu essen und ihre Kleider waren abgetragen und viel zu dünn für den harten Winter. Der Alte beschloss, in die Stadt zu gehen, um dort einige Strohhüte zu verkaufen. Er nahm fünf Hüte und machte sich auf den Weg.

Die Stadt lag weit entfernt, viele Tage und Nächte lang war er zu Fuß unterwegs.

Es war die Zeit vor Neujahr. Die Stadt war voller Menschen, die ihre Einkäufe machten. Sie kauften Fisch und Reiswein und Kuchen, aber niemand wollte dem Alten einen Strohhut abkaufen.

Keiner hatte einen Blick über für seine geflochtenen Hüte. Es fing zu schneien an, und immer noch ging der alte Mann in der ganzen Stadt herum, um seine Hüte anzubieten. Es wurde Abend und er hatte noch keinen einzigen Hut verkauft.

Als sich der Alte müde auf den Heimweg machte, sah er vor einem Tempel einige Statuen stehen. Schneeflocken bedeckten die Köpfe der sechs steinernen Statuen, die Jizo, den Schutzgott der Kinder, der werdenden Mütter und der Reisenden darstellten.

Bei dieser Kälte müssen sogar die Heiligen frieren, dachte der alte Mann und blieb stehen. Mit den Händen schob er den Schnee von den kahlen Köpfen der Statuen, dann setzte er ihnen die Hüte auf, die er nicht verkauft hatte.

»Ich bitte Euch, mein bescheidenes Geschenk anzunehmen«, sagte der Alte und verbeugte sich.

Weil er nur fünf Hüte bei sich hatte, es aber sechs Statuen waren, schenkte der Alte einer Statue seinen eigenen Hut.

»Entschuldigt, dass dieser Hut nicht neu ist«, sagte er.

Dann setzte er seinen Weg fort.

Als der alte Mann nach seinem langen Fußweg zu Hause ankam, war er über und über mit Schnee bedeckt.

»Was ist passiert?«, fragte seine Frau erstaunt.

Der Mann erzählte ihr von den Statuen im Schnee und von den Hüten, die er ihnen geschenkt hatte.

»Du hast richtig gehandelt«, sagte seine Frau. »Wir sind arm, aber wir haben doch ein Haus über dem Kopf. Lass uns damit zufrieden sein.«

So saßen beide lange beim Feuer. Die Frau stellte heißen Tee auf den Tisch, mehr war nicht im Haus. So feierten sie beide das Neujahrsfest.

Als es dunkel geworden war, hörten sie ein Geräusch vor dem Haus. Erst kamen die Stimmen von Weitem – dann aber hörte man einen Gesang immer näher kommen: »Wo steht das Haus der Alten, der Strohhüte verkauft? Wo ist das Haus des Alten?«

Der alte Mann und seine Frau wunderten sich über den Gesang. Sie öffneten die Tür.

Dampfende Schalen, gefüllt mit Reis und Fisch, standen vor der Tür, glitzernder Neujahrsschmuck und warme Kimonos lagen auf der Türschwelle.

Die Alten traten vors Haus, um zu sehen, wer ihnen all diese Geschenke gebracht haben mochte.

Da sahen sie im dichten Schneetreiben die sechs Jizo-Statuen, die sich langsam entfernten – jede mit einem Strohhut auf dem Kopf ...

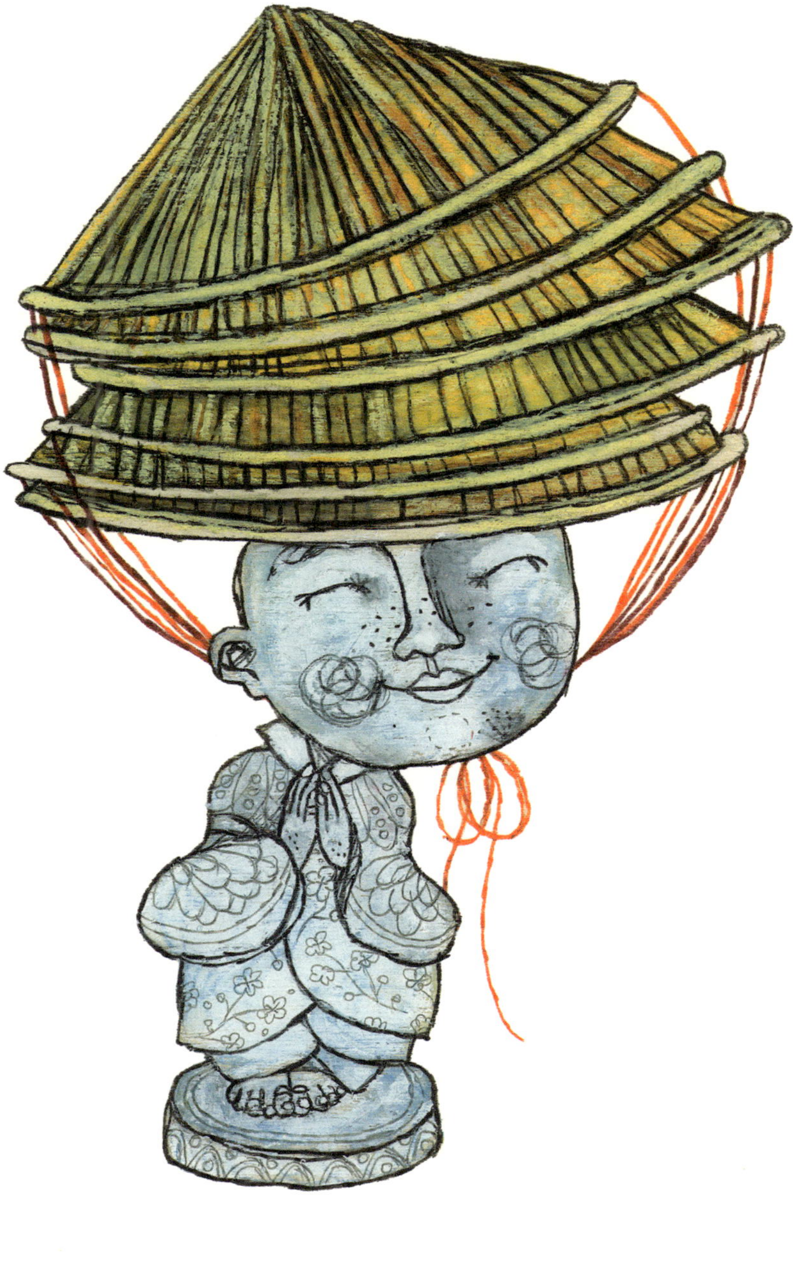

Biografien:

Hans Christian Andersen (1805–1875) gilt als der wohl berühmteste Schriftsteller Dänemarks. Hans Christian Andersen wurde als Sohn eines verarmten Schuhmachers und einer Wäscherin geboren. Nach dem Tod seines Vaters ging er mit 14 Jahren nach Kopenhagen und bemühte sich, dort als Schauspieler zum Theater zu kommen. Von der Theaterdirektion unterstützt und durch König Friedrich VI. gefördert, konnte er von 1822 bis 1826 eine Lateinschule und anschließend die Universität Kopenhagen besuchen. Andersen unternahm zahlreiche Reisen nach Deutschland, England, Italien, Spanien und in das Osmanische Reich. Der Schriftsteller bearbeitete viele Volksmärchen und schrieb mehr als 160 eigene Märchen, die in acht Bänden herausgegeben wurden und bis heute zum europäischen Märchenschatz gehören.

Peter Christen Asbjørnsen (1812–1885) war ein norwegischer Schriftsteller, Forstmeister, Wissenschaftler und Sammler norwegischer Märchen. Asbjørnsen wurde zwar in Kristiania geboren, seine Wurzeln lagen aber in Gudbrandsdalen, einer Gegend mit reicher volkstümlicher Tradition. Als Student lernte er Jørgen Moe kennen, mit dem er ganz Norwegen bereiste und Volkserzählungen sammelte und aufzeichnete. Angeregt durch Jacob Grimm versuchten sie, das Gehörte möglichst originalgetreu wiederzugeben. Asbjørnsen arbeitete von 1858 bis 1876 als Forstmeister. Daneben verfasste er zahlreiche naturwissenschaftliche Arbeiten. Sein Porträt ziert den norwegischen 50-Kronen-Geldschein.

Ludwig Bechstein (1801–1860) studierte Philosophie, Geschichte und Literatur in München und Leipzig. 1831 wurde er Kabinettsbibliothekar des Herzogs von Sachsen-Meiningen. Seine Märchensammlungen und das »Deutsche Sagenbuch« zählen heute zu den bedeutendsten seiner Art.

Die Brüder Grimm, Jacob (1785–1863) und **Wilhelm** (1786–1859), haben mit ihrer Märchensammlung »Kinder- und Hausmärchen«, die erstmals 1812 erschien, Weltruhm erlangt. Es ist eine Zusammenstellung von Texten aus schriftlichen Quellen und mündlicher Überlieferung, die sie stilistisch bearbeitet und ihren Vorstellungen einer »Volkspoesie« gemäß umgeformt haben. Viele der Märchen stammen aus der Umgebung von Kassel und Westfalen, dem damaligen Lebensort der Brüder. Jacob und Wilhelm Grimm waren darüber hinaus maßgeblich für die Entwicklung der modernen Sprach- und Literaturwissenschaft. Die von Jacob Grimm herausgegebene »Deutsche Grammatik«, die erstmalige Formulierung der Gesetze der deutschen Sprache, zählt bis heute zu den großartigsten sprachwissenschaftlichen Leistungen. Das 1838 begonnene »Grimmsche Wörterbuch« wurde erst 1960 vollendet.

Josef Haltrich (1822–1886) war ein deutscher Lehrer, Pfarrer und Volkskundler. Er studierte Theologie, Philologie und Geschichte und war zunächst Lehrer in einem Gymnasium, später Rektor einer Bergschule. Im August 1872 übernahm er das Pfarramt in Schaas. Dort führte er täglich Wetterbeobachtungen durch, die er schriftlich festhielt. 1851 bat ihn der Verein für siebenbürgische Landeskunde um die Erstellung eines siebenbürgisch-sächsischen Wörterbuches. 1882 erschien seine Sammlung deutscher Volksmärchen aus dem Sachsenlande in Siebenbürgen.

Heinz Janisch, geboren 1960 in Güssing, arbeitet seit mehr als 25 Jahren für den Österreichischen Rundfunk. Er schreibt für Kinder und für Erwachsene und zählt heute zu den bekanntesten Autoren seines Landes. Er wurde für sein literarisches Werk mehrfach ausgezeichnet, so etwa mit dem Österreichischen Staatspreis für Kinderlyrik und dem Bologna Ragazzi Award. 2007 war er für den Deutschen Jugendliteraturpreis nominiert.

Justinus Andreas Christian Kerner (1786–1862) war ein deutscher Dichter, Arzt und medizinischer Schriftsteller. Sein Vater war Oberamtmann in Ludwigsburg. Nach dessen Tod steckte seine Mutter den noch minderjährigen Justinus als Kaufmannslehrling in das Kontor der herzoglichen Tuchfabrik in Ludwigsburg. Kerner gefiel die Arbeit nicht. Er fing an, zur Ablenkung Gedichte zu schreiben und die Kranken des im selben Gebäude untergebrachten Irrenhauses durch Spielen auf seiner Maultrommel zu unterhalten. Sein ehemaliger Lehrer setzte bei Kerners Mutter durch, dass der Sohn studieren durfte. Von 1804 bis zu seiner Promotion 1808 studierte er Medizin und Naturwissenschaften in Tübingen. Bereits zu Studienzeiten war er mit Ludwig Uhland und Gustav Schwab befreundet, woraus sich später der Kern der »Schwäbischen Dichterschule« entwickeln sollte, zu deren namhaftesten Vertretern Kerner gehörte. Einige seiner Gedichte sind sehr bekannt, auch als Lieder. In den Konzertsälen auch heute noch häufig aufgeführt wird der Liedzyklus »Zwölf Gedichte von Justinus Kerner für Singstimme und Klavier op. 35« von Robert Schumann.

Jørgen Engebretsen Moe (1813–1882) war ein norwegischer Schriftsteller und Geistlicher. Bekannt wurde er vor allem durch die Volksmärchensammlung »Norske Folkeeventyr«, die er gemeinsam mit Peter Christen Asbjørnsen herausgab. Moe wurde auf einem Bauernhof geboren. In seiner Schulzeit lernte er Asbjørnsen kennen, mit dem er das Interesse für die norwegische Folklore teilte. Nach seinem Abitur studierte Moe Theologie. 1840 veröffentlichte er eine Sammlung von Gesängen, Volksliedern und Versen. Er unternahm regelmäßige Reisen durch Südnorwegen, auf denen er Eindrücke sammelte. Die Folkeeventyr erschienen ab 1841, sie wurden bis 1870 mehrfach überarbeitet und neu aufgelegt. Später entschied sich Moe für eine Laufbahn als Priester, 1875 wurde er zum Bischof geweiht.

Illustratorin:

Selda Marlin Soganci, geboren 1973 in Hof/Saale, wuchs als Kind eines deutsch-türkischen Zahnarzt-Ehepaars im oberfränkischen Naila auf. Sie studierte Illustration in Münster und geriet dort auf den »Holzweg«: Für ihre Zeichnungen und Objekte verwendet sie vorwiegend Fichtenholz als Grundlage. Gleich ihr erstes Bilderbuch »Schenk mir Flügel« – zu einem Text von Heinz Janisch – wurde national und international ein großer Erfolg und mit dem Kinderbuchpreis der Stadt Wien ausgezeichnet. Seither sind zahlreiche Bücher mit ihren ausdrucksstarken, farbenfrohen Illustrationen erschienen. Die Künstlerin ist auch als Leiterin von Zeichen- und Illustrationsworkshops für Kinder und Erwachsene gefragt.

Bibliografie:

1. In einem Land, nicht weit von hier ...

Märchen aus Afrika: Das Feuer in der Nacht
Märchen aus Äthiopien: Märchen der Weltliteratur,
Verlag Eugen Diederichs 1992; neu erzählt von Heinz Janisch

Märchen aus Nordamerika: Der Purpurschwan und der Zauberpfeil
Vladimir Hulpach: Indianermärchen, Dausien Verlag 1965;
neu erzählt von Heinz Janisch

Heinz Janisch: Der Prinz mit der Trompete, Originaltext

Märchen aus dem Orient: Der Mond im Brunnen, Gerd Frank (Hrsg.):
Der Schelm vom Bosporus, Edition Orient 1994; neu erzählt von
Heinz Janisch

2. Wer möchte kein Zauberwesen in seinem Haus haben?

Märchen aus Schweden: Der Zaubertopf
Schwedische Volksmärchen: Märchen der Weltliteratur,
Verlag Eugen Diederichs, 1974; neu erzählt von Heinz Janisch

Märchen aus Luxemburg: Die goldene Wiege
Nikolaus Warker: Sagen des luxemburgischen Volkes, Arel-Verlag 1893

Heinz Janisch: Herr Zibrillo lernt fliegen, Originaltext

3. Ein Schiff war prächtiger als das andere ...

Märchen aus den Niederlanden: Der kluge Kapitän
Märchen der Niederlande: Märchen der Weltliteratur, Verlag Eugen
Diederichs 1977; neu erzählt von Heinz Janisch

Märchen aus Litauen: Die alte Axt
Litauische Volksmärchen: Märchen der Weltliteratur,
Verlag Eugen Diederichs 1981; neu erzählt von Heinz Janisch

Märchen aus Tschechien: Die drei Zauberfische
Tschechische Volksmärchen: Märchen der Weltliteratur,
Verlag Eugen Diederichs 1969; neu erzählt von Heinz Janisch

Heinz Janisch: Der rote Pirat
Heinz Janisch: Der rote Pirat und andere Rucksackgeschichten,
Verlag St. Gabriel, Mödling-Wien 1986

4. ... nun weiß ich, was Gruseln ist!

Brüder Grimm: Von einem, der auszog, das Fürchten zu lernen
Kinder- und Hausmärchen, gesammelt durch die Brüder Grimm,
nach der zweiten vermehrten und verbesserten Auflage von 1819,
hrsg. von Heinz Rölleke, Eugen Diederichs Verlag, München 1982

Ludwig Bechstein: Der beherzte Flötenspieler
Ludwig Bechstein: Märchen, Thienemann, Stuttgart-Wien-Bern 1992

Heinz Janisch: Der blaue Hai, Originaltext

5. Der Kerl kann mehr als Äpfel braten!

Brüder Grimm: Der Riese und der Schneider
Kinder- und Hausmärchen, gesammelt durch die Brüder Grimm,
nach der zweiten vermehrten und verbesserten Auflage von 1819,
hrsg. von Heinz Rölleke, Eugen Diederichs Verlag, München 1982

Heinz Janisch: Die schwarze Wolke, Originaltext

Peter Christian Asbjørnsen/Jørgen Moe: Die große weiße Katze
Peter Christian Asbjørnsen (Hrsg.): Norwegische Märchen,
Eichborn, Frankfurt/M. 1996

6. ... und das war all sein Reichtum!

Josef Haltrich: Das Hirsekorn
Josef Haltrich, Deutsche Volksmärchen aus dem Sachsenlande in
Siebenbürgen, Saur, München 1990

Ludwig Bechstein: Die drei Hunde
Ludwig Bechstein: Märchen, Thienemann, Stuttgart-Wien-Bern 1992

Josef Haltrich: Der Erbsenfinder
Josef Haltrich, Deutsche Volksmärchen aus dem Sachsenlande in
Siebenbürgen, Saur, München 1990

7. Hundert Küsse von der Prinzessin!

Hans Christian Andersen: Der Schweinehirt
Hans Christian Andersen: Gesammelte Märchen, Erster Band,
Manesse Verlag, Zürich o.J.

Märchen aus Rumänien: Der goldene Baum
E. Hering/W. Hering: Rumänische Märchen, Altberliner Verlag 1956;
neu erzählt von Heinz Janisch

Hans Christian Andersen: Tölpel-Hans
Hans Christian Andersen: Gesammelte Märchen, Zweiter Band,
Manesse Verlag, Zürich o.J.

8. Da war es ihm so leicht um das Herz ...

Brüder Grimm: Sechse kommen durch die ganze Welt
Kinder- und Hausmärchen, gesammelt durch die Brüder Grimm,
nach der zweiten vermehrten und verbesserten Auflage von 1819,
hrsg. von Heinz Rölleke, Eugen Diederichs Verlag, München 1982

Märchen aus der Karibik: Die zwei Drachen, der Löwe und der Fuchs
Felix Karlinger, Johannes Pöge: Märchen aus der Karibik, Eugen Diederichs
Verlag, München 1983, neu erzählt von Heinz Janisch

Justinus Kerner: Goldener
Justinus Kerner: Ausgewählte Werke. Stuttgart, Reclam 1981

Märchen aus Japan: Die Strohhüte im Schnee
Japanische Volksmärchen: Märchen der Weltliteratur,
Verlag Eugen Diederichs 1962; neu erzählt von Heinz Janisch

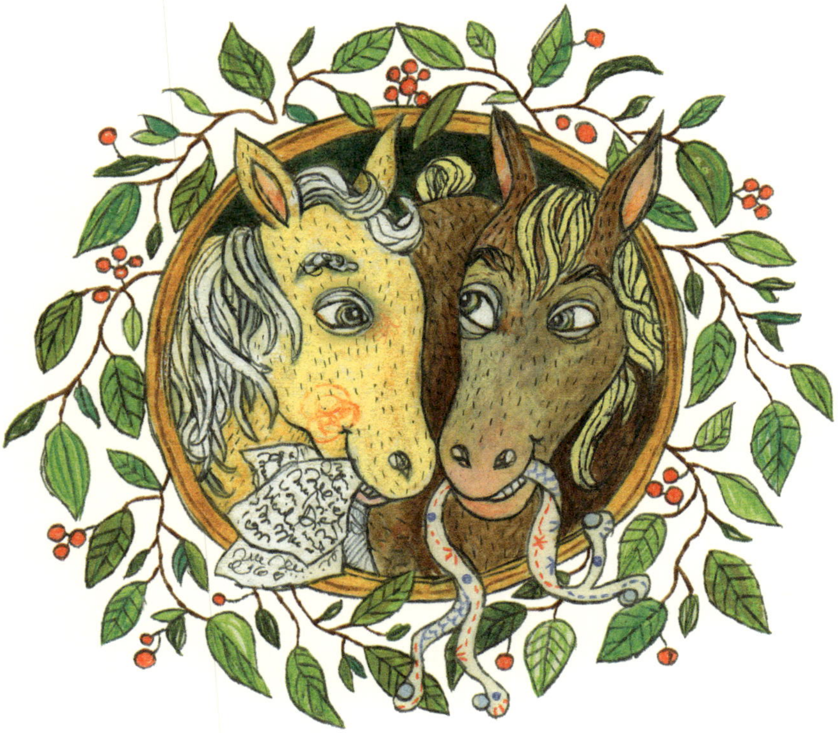